"十二五"职业教育国家规划教材

经全国职业教育教材审定委员会审定

运输实务

Yunshu Shiwu

（第二版）

王爱霞　主编

高等教育出版社·北京

内容简介

本书是"十二五"职业教育国家规划教材，是在第一版教材基础上，依据教育部《中等职业学校物流服务与管理专业教学标准（试行）》，结合物流行业近年来的发展变化修订而成的。

本书主要内容包括初识货物运输、公路货物运输、铁路货物运输、航空货物运输、水路货物运输、多式联运业务和货物运输保险。

本书配套数字化教学资源，包括演示文稿、电子教案、练习题等，请登录高等教育出版社 Abook 网站 http：//abook.hep.com.cn/sve 获取。详细使用方法见本书"郑重声明"页学习卡账号使用说明。

本书可供中职物流服务与管理专业学生使用，也可供物流从业者参考使用。

图书在版编目（CIP）数据

运输实务 / 王爱霞主编 . --2 版 . -- 北京：高等教育出版社，2021. 7（2025.6重印）

ISBN 978-7-04-056231-6

Ⅰ . ①运… Ⅱ . ①王… Ⅲ . ①货物运输 – 中等专业学校 – 教材 Ⅳ . ①U

中国版本图书馆 CIP 数据核字（2021）第 111535 号

| 策划编辑 | 黄 静 | 责任编辑 | 黄 静 | 特约编辑 | 张翠萍 | 封面设计 | 杨立新 |
| 版式设计 | 王艳红 | 插图绘制 | 于 博 | 责任校对 | 陈 杨 | 责任印制 | 高 峰 |

出版发行	高等教育出版社	网 址	http：//www.hep.edu.cn
社 址	北京市西城区德外大街 4 号		http：//www.hep.com.cn
邮政编码	100120	网上订购	http：//www.hepmall.com.cn
印 刷	北京市艺辉印刷有限公司		http：//www.hepmall.com
开 本	889mm×1194mm 1/16		http：//www.hepmall.cn
印 张	13.75	版 次	2015 年 8 月第 1 版
字 数	290 千字		2021 年 7 月第 2 版
购书热线	010-58581118	印 次	2025 年 6 月第 6 次印刷
咨询电话	400-810-0598	定 价	29.80 元

出 版 说 明

　　教材是教学过程的重要载体，加强教材建设是深化职业教育教学改革的有效途径，是推进人才培养模式改革的重要条件，也是推动中高职协调发展的基础性工程，对促进现代职业教育体系建设，提高职业教育人才培养质量具有十分重要的作用。

　　为进一步加强职业教育教材建设，2012 年，教育部制订了《关于"十二五"职业教育教材建设的若干意见》（教职成〔2012〕9 号），并启动了"十二五"职业教育国家规划教材的选题立项工作。作为全国最大的职业教育教材出版基地，高等教育出版社整合优质出版资源，积极参与此项工作，"计算机应用"等 110 个专业的中等职业教育专业技能课教材选题通过立项，覆盖了《中等职业学校专业目录》中的全部大类专业，是涉及专业面最广、承担出版任务最多的出版单位，充分发挥了教材建设主力军和国家队的作用。2015 年 5 月，经全国职业教育教材审定委员会审定，教育部公布了首批中职"十二五"职业教育国家规划教材，高等教育出版社有 300 余种中职教材通过审定，涉及中职 10 个专业大类的 46 个专业，占首批公布的中职"十二五"国家规划教材的 30% 以上。我社今后还将按照教育部的统一部署，继续完成后续专业国家规划教材的编写、审定和出版工作。

　　高等教育出版社中职"十二五"国家规划教材的编者，有参与制订中等职业学校专业教学标准的专家，有学科领域的领军人物，有行业企业的专业技术人员，以及教学一线的教学名师、教学骨干，他们为保证教材编写质量奠定了基础。教材编写力图突出以下五个特点：

　　1. 执行新标准。以《中等职业学校专业教学标准（试行）》为依据，服务经济社会发展和产业转型升级。教材内容体现产教融合，对接职业标准和企业用人要求，反映新知识、新技术、新工艺、新方法。

　　2. 构建新体系。教材整体规划、统筹安排，注重系统培养，兼顾多样成才。遵循技术技能人才培养规律，构建服务于中高职衔接、职业教育与普通教育相互沟通的现代职业教育教材体系。

　　3. 找准新起点。教材编写图文并茂，通顺易懂，遵循中职学生学习特点，贴近工作过程、技术流程，将技能训练、技术学习与理论知识有机结合，便于学生系统学习和掌握，符合职业教育的培养目标与学生认知规律。

　　4. 推进新模式。改革教材编写体例，创新内容呈现形式，适应项目教学、案例教学、情境教学、工作过程导向教学等多元化教学方式，突出"做中学、做中教"的职业教育特色。

5. 配套新资源。秉承高等教育出版社数字化教学资源建设的传统与优势，教材内容与数字化教学资源紧密结合，纸质教材配套多媒体、网络教学资源，形成数字化、立体化的教学资源体系，为促进职业教育教学信息化提供有力支持。

为更好地服务教学，高等教育出版社还将以国家规划教材为基础，广泛开展教师培训和教学研讨活动，为提高职业教育教学质量贡献更多力量。

高等教育出版社

2015 年 5 月

第二版前言

　　本书是"十二五"职业教育国家规划教材，是为了满足职业院校物流服务与管理专业和财经商贸类相关专业教学使用而编写的，也可作为物流从业人员自学用书及岗位培训教材。本书第一版自2015年出版发行以来，受到了广大职业院校师生的好评，同时也收到了读者提出的宝贵意见。为了更好地服务读者，满足教学与培训的实际需要，我们对本书第一版进行了修订。

　　本书第二版保持了第一版教材的框架结构，继续采用了任务驱动式编写体例，本次修订对全书重新做了校订，将全书所涉及的运输相关法律法规重新进行了梳理和修正，更新了各项目任务中的情况介绍和相关数据。让学习者能够与时俱进地体验任务情境。在模拟真实的社会职业交往情境中，引导学习者将理论知识与实际技能有机地融合、综合运用。

　　本课程学时安排建议同第一版。

　　本书由天津市物资贸易学校王爱霞任主编，具体编写分工如下：项目一、项目七由王爱霞编写，项目二由天津市南开区职业中等专业学校杨帆编写，项目三由天津市物资贸易学校宁铁娜编写，项目四、项目六由河北经济管理学校孙明贺编写，项目五由天津市物资贸易学校赵雁编写。全书由王爱霞总纂定稿。SDV国际物流集团天津公司王蕊雪、深圳正鸿新利国际货运代理有限公司赵玲玲参与了本书编写提纲的讨论并提供了部分任务情境。

　　本书在编写过程中，参考了一些著作、文献资料等，在此一并对其作者表示诚挚的谢意。

　　由于编者水平有限，书中难免存在不足之处，敬请广大读者、专家、同行批评指正，读者意见可发送至信箱：zz_dzyj@pub.hep.cn。

编　者

2021 年 1 月

第一版前言

本书是"十二五"职业教育国家规划教材，依据教育部《中等职业学校物流服务与管理专业教学标准（试行）》，并参照中国物流与采购联合会《中等职业学校物流服务与管理专业课程标准》编写。

随着世界经济的不断发展，物流作为现代经济的重要组成部分和最为经济合理的综合服务模式，正在全球范围内迅速发展，并已逐渐成为我国经济发展的重要支柱产业和新的经济增长点。运输作为物流活动的重要环节，对经济运行和企业发展起着重要的作用。合理组织运输，对于促进经济发展，强化企业经营管理、降低成本、增加利润、提高竞争力具有十分重要的意义。同时，运输是物流顺畅的关键，运输促进物流的发展，物流带动运输的提升。为此，我们编写了本书，旨在帮助读者认识与了解运输基础知识，熟悉与掌握运输作业的操作流程，培养实用型、技能型运输作业人才，促进货物运输业的发展。

本书从运输的作业实际出发，通过典型的运输工作任务，真实反映货物运输工作过程，深入浅出、合乎逻辑地阐述了运输的基本理论知识和基础作业，体现货物运输实践与应用。本书突出对学生运输作业实践能力的培养，同时注意夯实学生的理论基础，力争做到既培养学生的职业岗位能力，又不忽视学生的可持续发展能力和终身学习能力。

本书在编写过程中力争避免与本专业其他课程内容的交叉重复。例如，铁路线路、主要公路、主要水运航道、重要港口等在《物流地理》一书中已有详细叙述，本书就不再赘述。

本书建议学时为 72 学时，具体学时分配建议如下表所示。

项目名称	理论学时	实践学时	合计
项目一　初识货物运输	8	4	12
项目二　公路货物运输	7	4	11
项目三　铁路货物运输	7	4	11
项目四　航空货物运输	7	4	11
项目五　水路货物运输	7	5	12
项目六　多式联运业务	7	1	8
项目七　货物运输保险	5	2	7
总计	48	24	72

本书由天津市物资贸易学校王爱霞主编，其中项目一、项目七由王爱霞编写，项目二由天津市慧翔职业中等专业学校周苓编写，项目三由吉林经济贸易学校张晓春编写，项目四、项目六由河北经济管理学校孙明贺编写，项目五由天津市物资贸易学校李倩编写。全书由王爱霞总纂定稿。天津集运物流有限公司马立辉、SDV国际物流集团天津公司王蕊雪、深圳正鸿新利国际货运代理有限公司赵玲玲参与了本书编写提纲的讨论并提供了部分任务情境。

本书由浙江省公路技师学院王妙娟审稿，她为本书提出了许多宝贵的修改建议，在此深表感谢。本书在编写过程中，参考了一些著作、文献资料等，在此一并对其作者表示诚挚的谢意。

由于时间仓促，加之编者水平有限，书中疏漏之处在所难免，在此恳请各位专家与读者批评指正。读者意见可发送至邮箱：zz_dzyj@pub.hep.cn。

编　者
2015 年 5 月

目　录

项目一　初识货物运输

任务一　认识货物运输

任务目标

1. 认识物流中货物运输的概念
2. 清楚运输的分类
3. 知道货物运输的作用

任务描述

货物运输是连接生产和消费的纽带，是物流的核心功能之一，在现代经济中发挥着重要作用。

先达货运公司是一家从事国内城市间货物运输的专业公司，公司秉承"方便、快捷、安全、守信"的服务宗旨，为客户提供 24 小时全天候的发运和送达服务，登门取货，送货上门。公路运输服务范围覆盖北京、上海、广州等全国各大中小城市或县城。公司集航空、铁路、公路综合运输优势于一体，能有效地缩短货运时限，降低货运成本。

李军作为先达货运公司新入职的员工，将要承担货运业务工作。为了做好工作，李军从认识运输入手，了解运输工作的内涵，根据先达货运公司的实际情况确立工作重点。

任务准备

一、物流中货物运输的概念

运输（transport）是物品借助运力在空间内发生的位置移动。具体地说，运输实现了物品空间位置的物理转移和物流的空间效用。运输是整个物流系统中一个极为重要的环节，在物流活动中处于中心地位，是物流的支柱之一。由于货物运输中的非贸易物资的运输往往只是贸易物资运输部门的附带业务，所以货物运输通常被称为贸易运输，若贸易运输跨越了国境，就是对外贸易运输，简称外贸运输。

根据国家标准《物流术语》（GB／T 18354—2006）的解释，运输是指用专用运输设备将物品从一地点向另一地点运送。其中包括集货、分配、搬运、中转、装入、卸下、分散等一系列操作。

二、运输的分类

按照运送对象的不同，运输可分为货物运输和旅客运输。而货物运输又可按地域划分为国内货物运输和国际货物运输两大类。国内货物运输，顾名思义是在同一国家内不同地区之间的运输；国际货物运输，就是在国家（含地区）与国家（含地区）之间的运输。

按照贸易形式，货物运输又可分为贸易物资运输和非贸易物资（如展览品、个人行李、办公用品、援外物资等）运输。

本书中的运输，主要指货物运输。

具体来讲，运输有以下分类。

（一）按运输设备及运输工具分类

1. 公路运输

公路运输是一种主要使用汽车，也使用其他车辆在公路上进行运输的方式。它主要承担近距离、小批量的货运，水运、铁路运输难以到达地区的长途、大批量货运，以及铁路运输、水运优势难以发挥的短途货运。由于公路运输有很强的灵活性，近年来，在有铁路运输、水运的地区以及较长途的大批量运输中也开始使用公路运输。图1-1为公路运输。

图1-1 公路运输

2. 铁路运输

铁路运输是一种使用铁路列车进行运输的方式。它主要承担长距离、大批量的货运，在没有水运条件的地区，几乎所有大批量货物都是依靠铁路来运输的，它是在干线运输中起主力运输作用的运输方式。图1-2为铁路运输。

图 1-2　铁路运输

3. 水路运输

水路运输是一种使用船舶进行运输的方式。它主要承担大批量、长距离的运输，是在干线运输中起主力作用的运输方式。在内河及沿海，水运也常以小型运输工具来承担补充及衔接大批量干线运输的任务。图 1-3 为长江流域水路运输。

图 1-3　长江流域水路运输

4. 航空运输

航空运输是一种使用飞机或其他飞行器进行运输的方式。航空运输的单位成本较高，因此，主要适合运载的货物有以下两类。

（1）价值高、运费承担能力强的货物，如贵重设备、高档物品等。

（2）紧急需要的物资，如救灾抢险物资、急救药品等。

图 1-4 为航空运输。

图 1-4　航空运输

5. 管道运输

管道运输是一种利用管道输送气体、液体和粉状固体的运输方式。其原理主要是靠物体在管道内顺着压力方向循环流动来实现运输，它同其他运输方式的主要区别在于，管道设备是静止不动的。图 1-5 为石油管道运输。

图 1-5　石油管道运输

（二）按运输的范围分类

1. 干线运输

干线运输是利用铁路、公路的干线和大型船舶的固定航线进行的长距离、大批量的运输，是长距离运输的重要形式。干线运输的速度一般较同种运输设备的其他运输快，成本也较低。

2. 支线运输

支线运输是与干线相连接的分支线路上的运输，是干线运输与收、发货地点之间的补充性运输形式，路程较短，运输量相对较小，运输设备、工具的水平往往也低于干线运输，因而速度较慢。

3. 二次运输

二次运输是一种补充性的运输形式，路程较短。它是当干线、支线运输到站后，在站与用户仓库或指定接货地点之间进行的运输，运量较小。

4. 厂内运输

厂内运输是在工业企业范围内直接为生产过程服务的运输，一般在车间与车间、车间与仓库之间进行。

（三）按运输的作用分类

1. 集货运输

将分散的货物汇集集中的运输形式称为集货运输，一般是短距离、小批量的运输，待货物集中后再利用干线运输形式进行长距离、大批量的运输。因此，集货运输是干线运输的一种补充形式。

2. 配送运输

在物流据点中，将已按用户要求配好的货物分送各个用户的运输称为配送运输，一般是短距离、小批量的运输，是干线运输的一种补充和完善。

（四）按运输的协作程度分类

1. 一般运输

一般运输是一种采用不同运输工具或同类运输工具而没有形成有机协作关系的运输方式。

2. 联合运输

联合运输是一种用户一次委托，由两家以上运输企业或两种以上运输方式共同将一批货物运送到目的地的运送方式，简称联运。联合运输可以简化托运手续，方便用户，加快运输速度，有利于节省运费。

（五）按运输中途是否换载分类

1. 直达运输

直达运输是指物品由发运地到接收地，中途不需要落地换载和在储存场所停滞的运输方式。

2. 中转运输

中转运输是指物品由发运地到接收地，中途经过一次以上落地并换载的运输方式。

三、运输的作用

（一）运输是物流活动的主要部分

运输承担了改变物的空间状态的主要任务，是改变物的空间状态的主要手段。在物流中，很大一部分工作都是由运输担任的，因而运输是物流活动的主要部分。

（二）运输是实现社会物质生产的必要条件

运输活动和一般的生产活动不同，它不创造新的物质产品，不增加产品数量，不赋予产品新的使用价值，但是如果没有运输活动，则生产过程内部的各环节、生产与再生产以及生产与消费之间的相关环节就无法衔接，生产就无法继续下去，社会再生产就无法不断进行。因此，运输是实现社会物质生产的必要条件。

（三）运输可以提高物的使用价值

由于物品存在"场所效用"现象，通过运输改变物品的场所，将其运到效用最高的地方，就能实现物流的空间价值，实现资源的优化配置。因此，通过运输可以提高物的使用价值。

（四）运输是"第三利润源"的主要源泉

众所周知，物流活动被称为企业的"第三利润源"，而运输又是物流的核心环节，运输活动承担大跨度空间转移任务，要靠大量的动力消耗才能实现，活动的时间长、距离长且消耗也大。由于消耗的绝对数量大，其节约的潜力也大。运输费用在全部物流费用中占相当大的比例（一般占将近一半），有些产品的运费甚至高于产品的生产费用，所以节约的潜力很大。同时，由于运输总里程大，运输总量巨大，通过采取运输合理化措施，可以大大缩小运输的吨千米数，由此可获得较大的费用节约，从而实现更多的利润，因此可以说运输是"第三利润源"的主要源泉。

任务实施

步骤一：认识物流中运输的概念

李军认识到，先达货运公司作为专业的货物运输公司，不仅要完成货物从一地点向另一地点的运送，还要承担与之相关的一系列辅助作业，以保证运输的实现。这些辅助作业既有简单的，也有复杂的，简单的包括装卸、搬运等，复杂的包括代办手续、全程接运等。通常，货运公司需要组织与运输相关的集货、分配、中转、分散等作业。

步骤二：清楚运输的分类

从不同的角度，运输可以进行不同的分类。通过了解运输的分类，李军进一步认识了运输，他将在今后的工作中，针对具体业务，确定其运输种类。针对不同的运输名词，李军分组区分其内在的含义，明确各组分类的关键点，以便在实际业务中正确界定运输方式。

步骤三：知道运输的作用

运输是物流活动的主要部分，可以提高物的使用价值，增加利润。李军清楚，货物运输对于社会经济具有重要意义。同时，他也明确了先达运货公司存在的意义及其在社会经济中扮演的角色。

应用训练

根据本任务所讲述的内容，利用互联网查找资料，归纳整理对运输的初步认识，形成总结文档。

任务评价

任务评价表

项　目	内　容	结　果			
		非常好	较好	还不错	再加油
步骤一	认识物流中运输的概念				
步骤二	清楚运输的分类				
步骤三	知道运输的作用				
综合评价					
资料准备（3分）	知识掌握（5分）	语言表述（2分）		评价得分（10分）	

拓展提升

运输的合理化

1. 合理运输的含义

合理运输是指在现有技术能力和专业设备的条件下，可以达到最优水平的一种运输形式。有时因为管理问题或实际操作的相关环节出现差错而未达到最优，会成为不合理运输。

2. 不合理运输的形式

由于运输方式的多样性和复杂性，不合理运输的形式也具有多样性的特点。

（1）返程或起程空驶。返程或起程空驶主要是指因调运不当、货源计划不周、未考虑运输合理化而形成的车辆无货载行驶的运输方式，这是不合理运输的最严重形式。

（2）对流运输。对流运输也称相向运输，是指同一种货物，或彼此可以相互替代而又不影响管理、技术及效益的货物，在同一线路上或平行线路上做相对方向的运送，而与对方运程的全部或部分发生重叠交错的运输。

（3）迂回运输。迂回运输是指由于计划不周、地理不熟和组织不当等原因，在可以选取短距离运输的情况下，却选择路程较长的路线进行运输的一种不合理的形式。

（4）重复运输。重复运输是指本来可以直接将货物运到目的地，但是在未到达目的地之前，在其他场所将货物卸下，再重复装运送达目的地的运输方式。重复运输的最大问题是增加了不必要的中间环节。

（5）倒流运输。倒流运输是指货物从销地或中转地向产地或起运地回流的一种运输现象。其不合理程度超过对流运输，原因在于往返两程的运输都是不必要的，形成了双程的浪费。

（6）过远运输。过远运输是指调运物资舍近求远，不调近处有的物资，而从远处调运，不合理地拉长了货物运距，造成浪费。

3. 实现运输合理化的基本措施

随着物流业的发展，人们在生产实践中探索和创立了不少运输合理化的途径，在一定时期内和一定条件下，取得了许多明显的效果，其措施主要有以下几种。

（1）提高运输工具实载率。

（2）尽量多采用减少动力投入、增加运输能力的措施。

（3）发展社会化的运输体系。

（4）开展中短距离铁路、公路分流和以公代铁的运输。

（5）尽量发展直达运输。

（6）开展配载式运输。

（7）采用"四就"直拨运输。"四就"直拨运输是指货物不入库，直接分拨给批发、零售店或用户，从而减少一道中间环节。就厂直拨，就车站、码头直拨，就库直拨，就车、船过载，简称"四就"直拨。

（8）发展特殊运输技术和运输工具。

（9）通过流通加工，使运输合理化。

任务二 认识运输设施

任务目标

1. 认识公路运输设施

2. 认识铁路运输设施

3. 认识航空运输设施

4. 认识水路运输设施

5. 认识管道运输设施

运输是整个物流链的主体，贯穿物流始终。运输设施是组织完成物流运输活动的物质技术基础。物流运输设施要适应跨地区、长距离和大范围的运输。由于运输过程中运输方式不同，与之相应的基础设施各有千秋。根据运输方式的不同，运输设施分为公路运输设施、铁路运输设施、航空运输设施、水路运输设施和管道运输设施等。

针对先达货运公司的实际情况，实际运输业务涉及多种运输方式，李军需要认识公路、铁路、航空、水路、管道五种运输方式的运输设施。

任务准备

一、公路运输设施

（一）公路的构成

公路是一种线形工程构造物，指城市间、城乡间、乡村间主要供汽车行驶的公共道路。其主要包括路基、路面、桥梁、涵洞与隧道、公路渡口、公路交通工程及沿线设施。

1. 路基

路基是路面的基础，并与路面共同承受车辆载荷的作用力，同时抵御地表各种自然因素的危害。

路基宽度与公路横向的路幅宽度相同，而路幅宽度为中间的路面宽度与两侧的路肩宽度之和。为了满足车辆和行人的通行要求，公路路基必须坚固和稳定。因此，在公路选线时，应考虑路基的坚固，合理地设计路基的形状和尺寸，特别是要处理好路基的排水问题，以防止地下水对路基的侵蚀。

2. 路面

公路路面是在路基上用坚硬材料铺筑供汽车行驶的层状结构物，直接承受车辆的行驶作用力，一般分为面层、基层、垫层和路基。

公路路面结构如图 1-6 所示。

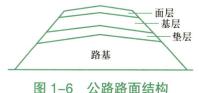

图 1-6　公路路面结构

路面按面层材料分类，可分为沥青路面、水泥混凝土路面、块料路面和粒料路面。按技术条件及面层类型分类，可分为高级、次高级、中级和低级路面。路面的选用一般应根据公路性质、任务、交通量及充分利用当地材料和结合施工条件等因素确定。为了保证车辆一定的行驶速度和行驶安全等，公路路面要具有一定的强度、平整度和必要的粗糙度。

3. 桥梁、涵洞与隧道

当公路跨越河流、河谷或与铁路、其他公路交叉时，需要修建桥梁和涵洞；当公路翻山越岭时，则需修筑隧道。按照有关技术规定，凡单孔跨径小于 5 m 或多孔跨径之和小于 8 m 的称为涵洞，大于这一规定值则称为桥梁。

桥梁有梁式桥、拱桥、吊桥、钢构桥和斜拉桥等多种类型。公路的隧道一般设计在公路线形的平坡和直线部分，也可设计在平曲线上。隧道内纵坡应小于 0.3%，以利于隧道排水和行车安全。较长的公路隧道还需有照明、通风、消防及报警等其他应急设施。

4. 公路渡口

公路渡口是指以渡运方式供通行车辆跨越水域的基础设施。码头是公路渡口的组成部分，可分为永久性码头和临时性码头。

5. 公路交通工程及沿线设施

公路交通工程及沿线设施是保证公路功能、保障安全行驶的配套设施，是现代公路的重要标志。公路交通工程主要包括交通安全设施、监控系统、收费系统、通信系统四大类，沿线设施主要是指与这些系统配套的服务设施、房屋建筑等。

（二）公路的等级

公路按其作用及使用性质分类，可分为国家干线公路（国道）、省级干线公路（省道）、县级干线公路（县道）、乡级公路（乡道）以及专用公路 5 个等级，实行分级管理。根据我国现行的《公路工程技术标准》（JTG B01—2014），公路按使用任务、功能和适应的交通量分为高速公路、一级公路、二级公路、三级公路、四级公路五个等级。

1. 高速公路

高速公路是全部控制出入、专供汽车在分隔的车道上高速行驶的公路，主要用于连接政治、经济、文化上重要的城市和地区，是国家公路干线网中的骨架。

四车道高速公路应能适应将各种汽车折合成小客车的年平均日交通量 25 000~55 000 辆。

六车道高速公路应能适应将各种汽车折合成小客车的年平均日交通量 45 000~80 000 辆。

八车道高速公路应能适应将各种汽车折合成小客车的年平均日交通量 60 000~100 000 辆。

高速公路如图 1-7 所示。

图 1-7　高速公路

2. 一级公路

一级公路为供汽车分向、分车道行驶，并部分控制出入、部分立体交叉的公路，主要连接重要政治、经济中心，通往重点工矿区，是国家的干线公路。

四车道一级公路应能适应将各种汽车折合成小客车的年平均日交通量 15 000~30 000 辆。

六车道一级公路应能适应将各种汽车折合成小客车的年平均日交通量 25 000~55 000 辆。

3. 二级公路

二级公路为连接政治、经济中心或大工矿区等地的干线公路，或运输繁忙的城郊公路，一般能适应各种车辆行驶，为供汽车行驶的双车道公路。

二级公路一般能适应每昼夜 3 000~7 500 辆中型载重汽车的交通量。

4. 三级公路

三级公路为沟通县及县以上城镇的一般干线公路，通常能适应各种车辆行驶。

三级公路一般能适应每昼夜 1 000~4 000 辆中型载重汽车的交通量。

5. 四级公路

四级公路为沟通县、乡、村等的支线公路，通常能适应各种车辆行驶。四级公路为主要供汽车行驶的双车道或单车道公路。

双车道四级公路能适应每昼夜中型载重汽车 1 500 辆以下的交通量。

单车道四级公路能适应每昼夜中型载重汽车 200 辆以下的交通量。

（三）公路运输站场

公路运输站场是公路运输办理货运业务、仓储保管、车辆保养修理及为用户提供相关服务的场所，是汽车运输企业的生产与技术基地，一般包括货运站、停车场（库）、维修场（站）、加油站及食宿站等。站场的设计布局应符合现代化的工艺和建筑要求，使投资获得最好的经济效益。

1. 货运站

公路运输货运站有时也称汽车站或汽车场，其主要功能包括货物的组织与承运、货物的交付、装卸、保管，以及运输车辆的停放、维修等。公路货运站又可分为零担货运站、集装箱货运中转站等。零担货运站一般是按照年工作量（即零担货物吞吐量）划分等级的，年货物吞吐量在 6 万 t 以上的为一级站；2 万 ~6 万 t 的为二级站；2 万 t 以下的为三级站。零担货运站一般主要配备零担站房、仓库、货棚、装卸车场、集装箱堆场、停车场、维修车间、洗车台及材料库等生产辅助设施。集装箱货运中转站应配备拆装库、高站台、拆装箱作业区、业务（商务及调度）用房、装卸机械与车辆等。

2. 停车场（库）

停车场（库）的主要功能是停放与保管运输车辆。现代化的大型停车场还具有车辆维修、加油等功能。从建筑性质来看，可以分为暖式车库、冷式车库、车棚和露天停车场等。

停车场内的平面布置要方便运输车辆的进出和进行各类维护作业，多层车库或地下车库还需设有坡道或升降机等，以方便车辆出入。

二、铁路运输设施

（一）铁路线路的构成

铁路线路是列车运行的基础，它是由路基、桥隧建筑物（包括桥梁、涵洞、隧道等）和轨道（包括钢轨、轨枕、联结零件、道床、防爬设备和道岔等）组成的一个整体工程结构。

1. 路基

路基是铁路线路承受轨道和列车荷载的基础结构物。按地形条件及线路平面和纵断面设计要求，路基横断面可以修成路堤和路堑两种常见形式。路肩设计标高高于地面，经填筑而成的路基叫作路堤；路肩设计标高低于地面，经开挖而成的路基叫作路堑。

路基是指用以铺设铁轨设施的路面，而为了适合铁轨铺设，原有的路面高者必须挖掘成路堑，过低者必须填筑使之成为路堤。路基必须具有足够的强度和稳定性，即在其本身静力作用下地基不应发生过大沉陷；在车辆动力作用下不应发生过大的变形；路基边坡应能长期稳定而不坍滑。

铁路路基如图 1-8 所示。

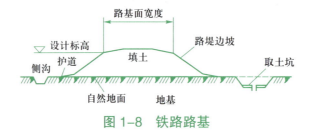

图 1-8　铁路路基

2. 桥隧建筑物

铁路通过江河、溪沟、谷地和山岭等天然障碍物跨越公路或其他铁路线时，需要修筑各种桥隧建筑物。桥隧建筑物包括桥梁、涵洞和隧道等。

（1）桥梁：主要由桥面、墩台和桥跨组成。桥面是桥梁上的轨道部分。墩台包括桥台和桥墩，位于两端和路基邻接的部分叫作桥台，中间的部分叫作桥墩。横跨在两个墩台之上的部分叫作桥跨。

（2）涵洞：设在路堤下部的填土中，是用以通过少量水流的一种建筑物。

（3）隧道：隧道是铁路线路穿越山岭的方式之一，主要是为了避免开挖很深的路堑或修建很长的迂回线。隧道还有穿越江河湖海与地面障碍的功能，如越江隧道和地下铁道等。

3. 轨道

轨道由钢轨、轨枕、联结零件、道床、防爬设备和道岔等组成。

（1）钢轨直接承受车轮压力并引导车轮的运行方向，应当具备足够的强度、稳定性和耐磨性。因此，应采用稳定性良好的"工"字形断面宽底式钢轨。

钢轨是铁路系统中列车行驶的支撑设施，列车通过车轮与钢轨的摩擦得以前进、减速并制动停车，所以钢轨的材质对于行车安全而言尤为重要。就传统铁路的行车经验而言，单位长度越重的钢轨越能承受车轮的重压，越适合大运量列车行驶。

钢轨根据轨距不同可分为宽轨、标准轨和窄轨三类，轨距是指两条平行钢轨的内侧距离。标准轨宽为 1.435 m，凡轨宽大于此数者为宽轨，小于此数者为窄轨。我国大陆铁路主要采用标准轨，而我国台湾铁路则采用窄轨，轨距为 1.067 m；俄罗斯、芬兰等国家铁路则使用 1.52 m 的宽轨；目前各国现代化的高速铁路则都采用标准轨。

（2）轨枕是钢轨的支座，承受钢轨传来的压力并将其传给道床，还起到保持钢轨位置和轨距的作用。

轨枕是铺设于钢轨下面的坚固耐用物体，可以使两轨之间保持一定的轨距，以确保行车安全，并承受列车行驶所产生的压力。一般而言，轨枕必须具有良好的弹性以减少列车行驶所产生的剧烈震动。目前铁路运输系统所使用的轨枕，依材质不同分为木枕、钢枕和混凝土枕三种，其中木枕的性能最佳。

（3）联结零件包括接头和中间联结零件两类。接头联结零件联结钢轨，由鱼尾板（又称夹板）、螺栓、螺帽和弹性垫圈等组成；中间联结零件（也称钢轨扣件）用以将钢轨扣紧在轨枕上。

（4）道床通常指的是轨枕下面，路基面上铺设的道砟（石砟）垫层。其主要作用是支撑轨枕，把来自轨枕上部的巨大荷载，均匀地分布到路基面上，大大减少了路基的变形。

道床如图 1-9 所示。

图 1-9　道床

　　道砟是直径 20~70 mm 的小块花岗岩，块与块之间存在着空隙和摩擦力，使得轨道具有一定的弹性，这种弹性不仅能吸收机车车辆的冲击和震动，使列车运行比较平稳，而且大大改善了机车车辆和钢轨、轨枕等部件的工作条件，延长了使用寿命。道砟的弹性一旦丧失，则钢筋混凝土轨枕上所受的荷载比正常状态时要增加 50%~80%。

　　道砟依靠本身和轨枕间的摩擦，起到固定轨枕的位置、阻止轨枕纵向或横向移动的作用。这在无缝线路区段显得更为重要，因为这种区段如果线路的纵向或横向阻力减少到一定程度，很容易发生胀轨跑道事故，严重危及行车安全。

　　道砟还有排水作用。由于道砟块状间的空隙，地表水能够顺畅地通过道床排走，这样路基表面就不会长期积水。路基表面长期积水，不仅会使承载能力大大下降，还会造成翻浆和冻胀等很多危害。

　　（5）防爬设备是为了避免列车运行时受纵向力的作用，使钢轨产生纵向移动，即为防钢轨爬行而采取的措施。为了防止钢轨爬行，一方面应加强钢轨和轨枕间的扣压力与道床阻力；另一方面应设置防爬器和防爬撑。

　　（6）道岔是使机车车辆安全转线的线路连接设备。行驶中的列车若欲驶向其他路线，必须在不同路线的钢轨会合处装上特殊的装置，用以引导车轮进入他轨，这项装置即为道岔。通常铁路列车经过道岔时，须降低行车速度。道岔主要有以下几种。

　　① 单开道岔。单开道岔的主线为直线，侧线由主线向左侧或右侧岔出。它由转辙器、辙叉、护轨和连接部分组成。单开道岔是线路连接中采用较多的一种道岔，又叫作普通单式道岔，是最常见、最简单的线路连接设备，约占各类道岔总数的 90% 以上。为了提高单开道岔的过岔速度，除可采用辙叉号数较大的道岔外，还可采用活动心轨辙叉，以从根本上消灭有害空间。

　　② 对称道岔。对称道岔由主线向两侧分为两条线路，道岔各部件均按辙叉角平分线对称排列；两条连接线路的曲线半径相同，无直向或侧向之分，因此两侧线运行条件相同。这

种道岔具有增大导曲线半径和缩短站场长度的优点。

③ 三开道岔。三开道岔是当需要连接的线路较多，而地形又受到限制，不能在主线上连续铺设两个单开道岔时铺设的一种道岔。三开道岔是将一个道岔纳入另一个道岔内构成的。这种道岔的优点是长度较短；缺点是尖轨削弱较多，转辙器使用寿命短，同时两普通辙叉在主线内侧无法设置护轨，机车车辆沿主线不能高速运行。故这种道岔只有在地形允许以及需要尽量缩短线路连接长度的地方，如调车场的头部或尽头式车站内，连接机车走行线与相邻两条到发线的连接处采用。

④ 交分道岔。交分道岔是将一个单开道岔纳入另一个道岔内构成的。它起到了两个道岔的作用，且占地长度较短，特别是连接几条平行线路时，比单开道岔连接的长度缩短得更为显著，而且列车通过时弯曲较少，走行平稳，速度可较高，瞭望条件也较好。但交分道岔构造复杂、零件数量较多、维修较困难，一般仅在大编组站、旅客站或其他用地长度受限制的咽喉区采用。在正线上，由于通过列车速度较高，使用交分道岔安全性较差，也不好养护，故应尽量不用。

道岔如图 1-10 所示。

图 1-10　道岔

（二）铁路车站设施

1. 车站

车站是铁路运输的基层生产单位。在车站上，除了办理客货运输的各项作业外，还要办理与列车运行有关的各项作业，如：列车的接发、会让与越行，车列的解体与编组，机车的换挂与整备，车辆的检查与修理等。车站不仅是铁路内部各项作业的汇合点，也是提高铁路运输效率和运输安全的保证设施。

目前，我国铁路车站共分为六个等级，即特等站、一等站、二等站、三等站、四等站、五等站。例如，我国的特等站有北京站、上海站、广州站等。

车站按技术作业性质的不同可分为中间站、区段站和编组站。编组站和区段站总称为技术站，但二者在车流性质、作业内容和设备布置上均有明显区别。车站按业务性质又分为货运站、客运站和客货运站。

2. 中间站

中间站是为提高铁路区段通过能力，保证行车安全和为沿线城乡及工农业生产服务而设的车站。其主要任务是办理列车会让、越行和客货运业务。

3. 区段站

区段站多设在中等城市和铁路网上牵引区段的分界处。其主要任务是为邻接的铁路区段供应及整备机车，办理无改编货物列车的中转作业，编组区段列车和摘挂列车，并办理一定数量的列车解编作业及客货运业务。区段站的作业和设备尽管在数量和规模上都不是最大的，但是作业和设备的种类却是比较齐全的。

区段站的有关物流作业包括以下几项。

（1）行李、包裹的承运、保管、装卸与交付。

（2）货物的承运、保管、装卸与交付。

（3）与货物列车有关的运转作业。其主要办理无改编中转列车的接发和有关作业，对区段列车和沿途摘挂列车，要进行解体和编组作业，同时还办理向货场、企业专用线取送作业车等，某些区段站还承担少量的始发直达列车的编组任务。

（4）机车业务。主要是换挂机车和乘务组，对机车进行整备、修理和检查等。

（5）车辆业务。办理列车的技术检查和车辆的检修任务。

4. 编组站

编组站是铁路网上集中办理大量货物列车到达、解体、编组出发、直通和其他列车作业，并为此设有比较完善的调车作业的车站。其主要任务是根据列车编组计划的要求，大量办理货物列车的解体和编组作业。对货物列车中的车辆进行技术检修和货运检查整理工作，并且按照运行图规定的时刻，正点接发列车。所以，人们往往称编组站为编组列车的工厂。

编组站一般设有专用的到达、发车和调车场，以及驼峰调车设备、机车整备和车辆检修设备。其通常设在3条及以上铁路线的交会点，或有大量车流集散的工矿企业、港口，大城市所在地区。位于工业区或港口附近并专为工业区或港口服务的编组站，又称工业编组站或港湾编组站。我国现有49处编组站，可分为以下三类。

（1）路网性编组站。设置在3条及以上主要铁路干线的交会点，编组2个及以上远程技术直达列车（通过1个以上编组站的列车），每昼夜编解6 000辆及以上铁路列车。

（2）区域性编组站。设置在3条及以上铁路干线的交会点，主要编组相邻编组站直通列车，每昼夜编解4 000辆及以上铁路列车。

（3）地方性编组站。设置在3条及以上铁路干、支线的交会点，或工矿区、港湾区、终端大城市地区附近，主要编组相邻编组站、区段站、工业站、港湾站间的直通、区小运转列车，每昼夜编解2 000辆及以上铁路列车。

5. 货运站

凡专为办理各种货物装卸作业及货物联运换装作业而设置的车站均称为货运站。货运站多设在大城市与工业区，以及河海港湾与不同轨距铁路的衔接地点。

货运站办理的主要作业有运转作业和货运作业。有的货运站还办理机车整备作业、车辆洗刷消毒作业、冷藏车的加冰作业与客运作业。

（1）运转作业。货运站的运转作业是为货运作业服务的，主要办理小运转列车的到发、解体和编组，按货物装卸地点选分与取送车辆，在货物作业地点配置车辆。

（2）货运作业。货运站的货运作业可以分为货物的发送作业、途中作业和到达作业。其主要内容包括货物的受理、承运、检验、保管和交付，货物的装卸与换装作业，零担货物和集装箱的中转作业，以及运费核算和办理票据手续等。

货运站一般按其办理的货物种类与服务对象可分为综合性货运站和专业性货运站。综合性货运站设有较大的货场，办理各种不同种类的整车、零担和集装箱货物的发送、到达作业及专用线作业。专业性货运站办理一定种类货物的装卸作业或联运货物的换装作业，如大宗货物装车站、危险货物专用站、港口站及换装站等。

6. 货场

铁路货场是办理货物承运、装卸、保管和交付作业的场所，也是铁路与地方短途运输相衔接的地方。

铁路货场按办理的货物种类不同可分为综合性货场和专业性货场；按办理的货运量不同可分为大型货场、中型货场和小型货场；按办理的货运作业不同可分为整车货场、零担货场、集装箱货场和兼办整车、零担与集装箱作业的货场；按线路布置图形不同又可分为尽头式货场、通过式货场和混合式货场。尽头式货场布置图形适于大、中型综合性货场采用。通过式货场布置图形适用于中间站和货运量大、有条件组织整列装卸作业的专业性货场。混合式货场的货物装卸线一部分为尽头式，另一部分为通过式，兼有尽头式和通过式货场的特点。

根据货运站办理的货物种类及货运量的大小，货场应设置下列技术设备。

（1）货场配线，包括货物装卸线、选分线、存车线、牵出线、轨道衡线等。

（2）场库设备，包括货物仓库、雨棚、站台、堆放场和集装箱作业场等。

（3）装卸机械设备，包括各种类型的起重、搬运机械和充电、检修设备等。

（4）办理易腐货物运输的货场，设有加冰所和制冰储冰设备，以及加冰、加盐设备。

（5）办理危险货物运输的货场，设有货车洗刷、消毒设备及污水处理设备。

（6）装卸牲畜较多的货场，设有牲畜装卸及饮水设备。

三、航空运输设施

（一）航空港

1. 航空港的概念

航空港是指民用航空运输交通网络中使用的飞机场及其附属设施，它是航空运输的重要设施。民航运输网络由航空港、航路和机队构成。航空港是民航运输网络中的节点，是航空运输的起点、终点和经停点。航空港可实现运输方式的转换，是空中运输和地面运输的转接点，因此也可把航空港称为航空站。与一般飞机场相比，航空港的规模更大、设施更为完善。

2. 航空港的分类

（1）按航线性质分类，航空港可分为国际航线航空港（国际航空港）和国内航线航空港。国际航空港有国际航班进出，并设有海关、边防检查（移民检查）、卫生检疫和动植物检疫等政府联检机构。国内航线航空港是专供国内航班使用的航空港。我国的国内航线航空港包括地区航线航空港。地区航线航空港是指我国内地城市与我国香港、澳门等地区之间定期或不定期航班飞行使用的航空港，并设有相应的类似国际航空港的联检机构。

（2）按航空港在民航运输网络系统中所起作用分类，航空港可分为枢纽航空港、干线航空港和支线航空港。国内、国际航线密集的航空港称为枢纽航空港。在我国内地，枢纽航空港指北京大兴国际机场、首都国际机场、上海浦东机场、上海虹桥机场、广州白云机场等航空港；干线航空港是指各直辖市、省会、自治区首府及一些重要城市或旅游城市（如大连、厦门、桂林和深圳等）的航空港，共有 30 多个。干线航空港连接枢纽航空港，空运量较为集中；而支线航空港则空运量较少，航线多为本省区内航线或较近省区支线。

（3）按航空港所在城市的性质、地位分类，航空港可分为Ⅰ类航空港、Ⅱ类航空港、Ⅲ类航空港和Ⅳ类航空港。

（4）按服务对象分类，航空港可分为军用航空港、民用航空港和军民合用航空港。

3. 航空港的组成

航空港是航空运输用飞机场及其服务设施的总称，飞机场是供飞机起飞、着陆、停驻、维护、补充给养及组织飞行保障活动所用的场所。航空港主要由飞行区、航站区、机务维修区及进出航空港的地面交通系统构成。

（1）飞行区：是航空港内用于飞机起飞、着陆和滑行的区域，通常还包括用于飞机起降的空域在内。飞行区由跑道系统、滑行道系统和航空港净空区构成。相应设施有目视助航设施、通信导航设施、空中交通管制设施及航空气象设施。

（2）航站区：是飞行区与航空港其他部分的交接部，包括旅客航站楼、站坪（停机坪）、车道边、站前停车设施（停车场或停车楼）等。

（3）机务维修区：包括维修厂、维修机库、维修机坪以及储油库等。

（4）进出航空港的地面交通系统：通常是公路，也包括铁路、地铁（或轻轨）和水运码头等。其功能是把航空港和附近城市连接起来，将旅客和货物及时运进或运出航站楼。进出航空港的地面交通系统的状况直接影响空运业务。

航空港的其他设施还包括供油设施、应急救援设施、动力与电信设施、环保设施、旅客服务设施、保安设施、货运区及航空公司区等。

一般可将航空港分为空侧和陆侧两部分。空侧（又称对空面或向空面）是受航空港当局控制的区域，包括飞行区、站坪及相邻地区和建筑物，进入该区域是受控制的。陆侧是为航空运输提供各种服务的区域，是公众能自由进出的场所和建筑物。

航空港如图 1-11 所示。

图 1-11　航空港

4. 机场场道

机场场道包括飞行区和停机坪。

（1）飞行区。

① 跑道。跑道是指供飞机起飞、着陆、滑跑及起飞滑跑前和着陆滑跑后运转的场地。航空港的构成主要取决于跑道的数目、方位及跑道与航站区的相对位置。跑道数目取决于航空运输量的大小。跑道的长度是航空港的关键参数之一，它与飞机的起降安全直接有关。跑道长度的确定，主要考虑飞机的起降质量与速度、航空港所在环境、气象条件、跑道条件等因素。跑道的方位是指跑道的走向。跑道的方位主要与当地风向有关。飞机最好是逆风起降，过大的侧风会妨碍飞机起降。因此，跑道的方位应尽量与当地常年主导风向相近。跑道应有足够的宽度，因为飞机在跑道上滑跑、起飞、着陆不可能总是沿着中心线，可能会有偏离，有时还需要掉头。根据航空港用途、航空港所在地区的海拔高度和气温的不同，跑道长度一般为 1 500~5 000 m，宽度为 45~100 m。

② 滑行道。滑行道的主要功能是提供从跑道到航站区的通道，使已着陆的飞机迅速离

开跑道，不与起飞滑跑的飞机相干扰，并尽量避免影响随即到来的飞机着陆。同时，滑行道也提供了飞机由航站区进入跑道的通道，且将性质不同的航站各功能分区连接起来。

③ 航空港净空区。航空港能否安全有效地运行，与场地内外的地形和人工构筑物密切相关。飞机在航空港起飞降落必须按规定的起落航线飞行。这样，就必须对航空港附近起降航线一定范围内的空域提出净空要求。这个空域称为航空港净空区。在该空域内，不应有高障碍物和干扰导航信息的电磁环境。

（2）停机坪。停机坪包括站坪、维修机坪、隔离机坪、等候机位机坪、等待起飞机坪等。停机坪上设有机位（供飞机停放的划定位置）。航站楼空侧所设停机坪称为站坪，可供飞机滑行、停驻、装卸货物及加油。

货运停机坪如图 1-12 所示。

图 1-12　货运停机坪

（二）航空港设施与设备

1. 航站楼

航站楼（主要指旅客航站楼，即候机楼）是航站区的主体建筑物。航站楼的设计，不仅要考虑其功能，还要考虑其环境、艺术氛围及民族（或地方）风格等。航站楼一侧连着机坪，另一侧又与地面交通系统相连。旅客、行李及货邮在航站楼内办理各种手续，并进行必要的检查以实现运输方式的转换。

2. 目视助航设施

为了满足驾驶员的目视要求，保证飞机的安全起飞、着陆、滑行，应在跑道、滑行道、停机坪及相关区域内设置目视助航设施，包括指示标和信号设施、标志、灯光、标记牌和标志物。此外，还要设置表示障碍物及限制使用地区的目视助航设施。

3. 地面活动引导和管制系统

地面活动引导和管制系统是指由助航设备、设施和程序组成的系统。该系统的主要作用是使航空港能安全地满足运行中提出的地面活动需求，即防止飞机与飞机、飞机与车辆、飞机与障碍物、车辆与障碍物及车辆之间的碰撞等。

4. 地面特种车辆和场务设备

进出港的飞机都需要一系列的地面服务，这些服务往往都是由工作人员操作各种特种车辆（牵引车、电源车、加油车、行李车、升降平台、客梯车等）或设备来完成。为了保证飞机在飞行区内正常运行，航空港应配备维护、检测设备（清扫车、吹雪车、推雪车、割草机、道面摩擦系数测试车等）及驱鸟设备等。

5. 通信与导航设备

飞机用于和地面电台或其他飞机进行联系的通信设备包括高频通信系统、甚高频[①]通信系统和选择呼叫系统。飞机的导航主要依赖无线电导航系统，其设备有甚高频全向无线电信标、测距仪系统、无方向性无线电信标系统及仪表着陆系统等。目前实施空中交通监视的主要设备是雷达。它是利用无线电波发现目标，并测定其位置的设备。

四、水路运输设施

（一）港口的作用及分类

1. 港口的作用

港口是具有一定面积的水域和陆域，供船舶出入、停泊和货物集散的场所。它是一个国家或地区的门户，是交通运输的枢纽和水陆运输的衔接点，还是货物的集散地和对外贸易的重要通道。

港口的任务是为船舶提供安全停靠的设施，及时完成货物由船到岸、由岸到船以及由船到船的转运，并为船舶提供补给、维修等技术服务和生活服务。港口具有运输、生产和贸易等多种功能，是一个国家和地区的重要经济资源。

我国天津新港如图 1-13 所示，日本神户港如图 1-14 所示。

图 1-13　天津新港

---

① 甚高频是指频带由 30 MHz 到 300 MHz 的无线电波，它比高频频率高，比特高频频率低。

图 1-14 神户港

2. 港口的分类

（1）按用途分类。

① 商港。商港是以一般商船和货物运输为服务对象的港口，也称为贸易港。如我国的上海港、宁波－舟山港、大连港、天津港、广州港和湛江港等均属商港，国外的鹿特丹港、安特卫普港、神户港、伦敦港、纽约港和汉堡港也是商港。

② 渔港。渔港是用于渔船停泊、鱼货装卸、鱼货保鲜、冷藏加工、修补渔网、渔船生产及生活物资补给的港口。其具有天然或人工的防浪设施，有码头作业线、装卸机械、加工和储存渔产品的工厂（场）、冷藏库和渔船修理厂等。如舟山的定海港。

③ 工业港。工业港是为供大型企业输入原材料及输出制成品而设置的港口。其中，散货港是专门装卸大宗矿石、煤炭、粮食和沙石料等散货的港口；煤港是专门装卸煤炭的港口；油港是专门装卸原油或成品油的港口。这类港口一般都配置大型专用装卸设备，效率高，成本低。如大连地区的甘井子化工码头、上海市的吴泾焦化厂煤码头及宝山钢铁总厂码头均属工业港。

④ 避风港：避风港是供船舶在航行途中或海上作业过程中躲避风浪的港口，一般是为小型船、渔船和各种海上作业船设置的。

⑤ 军港。军港是供军舰停泊并取得供给的港口。

⑥ 旅游港。旅游港是为进行海滨游憩活动而设的港口。

（2）按地理位置分类。

① 海港。海港是在自然地理条件和水文气象方面具有海洋性质的港口。海港分为海岸港和河口港，其中海岸港位于有掩护的或平直的海岸上，河口港位于入海河流的河口段或河流下游潮区界内。我国的上海港，国外的鹿特丹港、纽约港和汉堡港均属河口港。

② 河港。河港是位于河流沿岸，且有河流水文特征的港口，如我国的南京港、武汉港和重庆港。

③ 运河港。运河港是位于运河上的港口，如我国的徐州港。

（二）港口的组成

现代港口由水域和陆域两大部分组成。

1. 港口水域

港口水域是供船舶进出港，以及在港内运转、锚泊和装卸作业使用的。其要求有足够的水深和面积，水面基本平静，流速和缓，以便船舶安全停泊和进行其他技术操作。它包括港池、航道和锚地。

（1）港池。港池是指码头附近的水域，需要有足够的深度与宽度，供船舶靠离操作。对于河港与海连通的河口港，一般不需要修筑防浪堤坝。如上海黄浦江内的各港区和天津海河口的港口。对于开敞海岸港口，为了阻挡海上风浪与泥沙的影响，保持港内水面的平静与水深，必须修筑防波堤，如烟台港、青岛港和大连港等。港池要保持足够的水深，以保证最大吃水的进港船舶靠泊；要有足够宽广的水域，使船舶有足够的操纵余地。

（2）航道。航道是指船舶进出港的航行通道。为了保证安全通航，航道必须有足够的水深与宽度，弯曲度不能过大。由于有时实际水深与预报水深不一致，并且船舶运行时吃水增加，为了避免搁浅而造成损失和污染环境，船舶在航行时其龙骨基线以下必须保持足够富裕的水深。

在确定航道宽度时，要考虑船舶航行时风速和水流的影响，船舶对遇、超越或平行航行时的船间效应，以及船舶贴近航道边航行时的岸边效应。典型的单向航道为通航船舶宽度的5倍，双向航道为通航船舶宽度的8倍。从航行安全考虑，转弯半径应不小于通航船舶宽度的3倍。

（3）锚地。锚地是供船舶抛锚候潮、等候泊位、避风、办理进出手续、接受船舶检查或过驳装卸等停泊的水域。锚地要求有足够的水深，使抛锚船舶即使因较大风浪引起升沉和摇摆时仍不致触底。锚地的地质一般为平坦的沙土或亚泥土，使铁锚具有较大的抓力，而且远离礁石、浅滩等危险区。锚地距离进出港的航道要有一定的距离，以不影响船舶进出为准，但又不能太远，以便船舶进出港操作。过驳装卸的锚地，不仅要考虑大船的回旋余地，还要考虑过驳小船与装卸作业的安全。锚地水域面积的大小根据港口进出港船舶的艘次与风浪、潮水等统计数据而定。

2. 港口陆域

港口陆域是供旅客上下船，货物装卸、堆积和转运作业使用的。其必须有适当的高度、岸线长度和纵深，以便安置装卸设备、仓库、堆场、铁路、公路和各种必要的生产、生活设施。港口范围的陆地面积统称为陆域，可分为以下几个部分。

（1）码头与泊位。供船舶停靠，以便旅客上下、货物装卸的水上建筑物称为码头。码头前沿线为港口的生产线，也是港口水域和陆域的交接线。码头岸线布置码头泊位，泊位是供船舶停泊的位置。一个泊位可供一艘船舶停泊。泊位的长度依船舶的大小而有差异，还要留出两船之间的距离，以便船舶系解绳缆。一个码头往往要同时停泊几艘船，即要有几个泊位。码头岸线长度是由泊位数和每个泊位的长度决定的。

（2）仓库和堆场。仓库和堆场是供货物装船前和卸船后短期存放使用的场所设施。一般较贵重的件杂货在仓库内堆存保管；而不怕风吹日晒雨淋的货物，如装入集装箱的货物、矿石、煤炭、钢铁和建筑材料等可放入露天堆场或货棚内。根据仓库（堆场）相对码头所在位置的不同，仓库（堆场）分为前方仓库（堆场）和后方仓库（堆场）。前方仓库（堆场）在码头的前沿地带，用于临时存储准备装船和自船上卸下的货物，也是装卸机械、火车和汽车的通道，通常是港口最繁忙的地区；后方仓库（堆场）位于离码头较远处，用于较长期存储货物。

（3）铁路和道路。货物在港口的集散除了充分利用水路外，主要依靠陆路交通，因此铁路和道路系统是港口陆域上的重要设施。港口铁路一般包括港口车站、分区车站、码头和库场的装卸线，以及连接各部分的港口区间正线、联络线和连接线等。大型港区的道路系统尤为重要，港口道路可分为港内道路与港外道路。港内道路用于通行重载货车与流动机械，要求能通往码头前沿和各场库，因此对道路的轮压、车宽、纵坡与转弯半径等都有特殊要求。港内道路行车速度较低，一般为 15 km/h 左右。港外道路是港区与城市道路或与公路连接的通道。

（4）港口装卸机械。港口装卸机械是港口完成货物装卸的主要手段，是港口码头最基本的设备之一，用于完成对船舶、火车和汽车进行装卸作业，在船舱内进行各种搬运、堆码和拆垛等作业，在库场上进行起重、搬运、堆垛及拆垛等作业。

（5）辅助生产设施。为维持港口的正常生产秩序，保证各项工作得以顺利进行，港口还需要在陆域上配置下列设施：给排水系统、输配电系统、燃料供应站、工作船基地、各种办公用房、维修工程队和船舶修理站等。

五、管道运输设施

管道运输是货物在管道内借助高压气泵的压力输往目的地的一种运输方式。管道运输的工具本身就是管道，管道是固定不动的，只是货物本身在管道内移动。管道运输是运输通道和运输工具合二为一的一种专门运输方式。

为了增加运量、加速周转，现代管道管径和气压泵功率有很大增加，管道里程越来越长，长达数千千米，行程通过几个国家的管道已不少见。目前，管道运输已成为一种独立的重要运输工具。

（一）输油管道运输设备及技术

长距离输油管道由输油站和管道线路两大部分组成。输油管道如图 1–15 所示。

图 1-15　输油管道

1. 输油站

输油站是管道干线为输送油品而建立的各种作业场所，按其所处的位置分为首站、中间站和末站。

（1）首站。首站是输油管道的起点，通常位于油田、炼油厂或港口附近，主要任务是接收来自油田或海运的原油，以及来自炼油厂的成品油，经计量后加压输往下一站。首站的设备主要有输油泵，还有较多的油罐。

（2）中间站。中间站设置在输油管道沿线，主要任务是对所输送的油品加压、升温。中间站的主要设备有输油泵、加热炉和阀门等。

（3）末站。末站是输油管道的终点，通常是收油单位的油库、转运油库或两者兼而有之，主要任务是接收管道来油，将合格的油品经计量后输送到收油单位，或变换运输方式后继续运输。

2. 管道线路

管道的线路设施包括管道、沿线阀室、穿越山谷河流设施和管道保护设施等。为了保证长距离输油管道的正常运营，还设有供电和通信设施。

（二）天然气管道运输设备及技术

天然气管道系统是由矿场集气管网、干线输气管道（网）、城市配气管网以及与此相关的输气站、场等设备所组成的连续、密闭的整体。长距离天然气管道上分布着若干个输气站，按其作用不同分为压气站、调压计量站和储气库。

1. 压气站

压气站在管道的起点和中途，为天然气的输送提供或补充必要的压力能量。

2. 调压计量站

调压计量站设在输气管道分输处和末站，主要任务是调节气流压力和测量气体流量，以便给城市配气系统分配气量及分输给储气库。

3. 储气库

储气库是为解决输气均衡与气体消费不均衡的矛盾而建立的，通常设在管道沿线或终点。

天然气从气田的各井口装置采出后，经矿场集气管网汇集到集气站，再由集气站输往天然气处理厂进行净化处理，然后送入长距离输气管道，送往城市和工矿企业的配气站，在配气站经过除尘、调压和计量后，由配气管网输往用户。

天然气管道如图 1-16 所示。

图 1-16　天然气管道

（三）浆液管道运输设备及技术

浆液管道的基本组成部分与输油、输气管道大致相同，另外还有一些制浆、脱水干燥设备。以煤浆管道为例，整个系统由浆液制备系统、输送管道和浆液后处理系统组成，包括煤水供应系统、制浆厂、干线管道、中间加压泵站和终点脱水与干燥装置等。

煤浆输油管道的首站一般和制浆厂设在一起，由首站增压泵从外输罐中抽出煤浆，经加压后送入干线。为了给管道中的煤浆补充压力能量，使之继续输送，在浆液管道沿线需设置若干个中间泵站。当管道输送方向有巨大落差时，还需设置减压站，以控制浆液流速和压力。

煤浆管道的后处理系统主要负责浆液的脱水、储存和到发电厂或转运点的固定进料等。

任务实施

步骤一：认识公路运输设施

李军学习了有关公路运输设施的基础知识，了解到：公路的构成包括路基、路面、桥梁、涵洞与隧道、交通标志、公路渡口、公路交通工程及沿线设施；公路可分为高速、一级、二级、三级和四级五个等级；公路运输站场一般包括货运站、停车场（库）、维修场（站）、加油站和食宿站等。李军还通过上网查找相关图片加深了对公路运输设施的认识。

步骤二：认识铁路运输设施

李军学习了有关铁路运输设施的基础知识，了解到：铁路线路是列车运行的基础，它是由路基、桥隧建筑物（包括桥梁、涵洞、隧道等）和轨道（包括钢轨、轨枕、联结零件、道床、防爬设备和道岔等）组成的一个整体工程结构；铁路车站设施包括车站、中间站、区段站、编组站、货运站和货场。李军还通过上网查找相关图片加深了对铁路运输设施的认识。

步骤三：认识航空运输设施

李军学习了有关航空运输设施的基础知识，了解到：航空港的概念、分类；航空港主要由飞行区、航站区、机务维修区及进出航空港的地面交通系统构成；机场场道包括飞行区（含跑道、滑行道、航空港净空区）和停机坪；航空港设施与设备包括航站楼、目视助航设施、地面活动引导和管制系统、地面特种车辆和场务设备、通信与导航设备。李军还通过上网查找相关图片加深了对航空运输设施的认识。

步骤四：认识水路运输设施

李军学习了有关水路运输设施的基础知识，了解到：港口的作用及分类；港口由水域（包括港池、航道、锚地）和陆域（包括码头与泊位、仓库和堆场、铁路和道路、港口装卸机械、辅助生产设施）组成。李军还通过上网查找相关图片加深了对水路运输设施的认识。

步骤五：认识管道运输设施

李军学习了有关管道运输设施的基础知识，了解到：长距离输油管道由输油站和管道线路组成，输油站按其所处位置分为首站、中间站和末站；天然气管道由矿场集气管网、干线输气管道（网）、城市配气管网以及与此相关的输气站、场等设备组成，输气站按其作用不同分为压气站、调压计量站和储气库；浆液管道系统由浆液制备系统、输送管道和浆液后处理系统组成，包括煤水供应系统、制浆厂、干线管道、中间加压泵站和终点脱水与干燥装置等。李军还通过上网查找相关图片加深了对管道运输设施的认识。

应用训练

根据本任务所讲述的内容，利用互联网查找资料，归纳整理对货物运输设施的初步认识，形成总结文档。

任务评价

任务评价表

项　　目	内　　容	结　　果			
		非常好	较好	还不错	再加油
步骤一	认识公路运输设施				
步骤二	认识铁路运输设施				
步骤三	认识航空运输设施				
步骤四	认识水路运输设施				

续表

项 目	内 容	结 果			
		非常好	较好	还不错	再加油
步骤五	认识管道运输设施				
综合评价					
资料准备（3分）	知识掌握（5分）	语言表述（2分）		评价得分（10分）	

拓展提升

我国各种运输的基础设施

一、我国公路运输的基础设施

截至2018年年底，全国已建成通车的公路总里程达485万km，其中高速公路通车里程达14.3万km。

国道主干线由"五纵七横"12条线路组成，"五纵七横"中的"五纵"是指黑龙江省同江至海南省三亚、北京至福州、北京至珠海、内蒙古自治区二连浩特至云南省河口、重庆至湛江5条南北走向国道主干线；"七横"是指绥芬河至满洲里、丹东至拉萨、青岛至银川、连云港至霍尔果斯、上海至成都、上海至瑞丽、衡阳至昆明7条东西走向国道主干线。截至2018年共72条国道。首都辐射12条，南北纵向27条，东西横向33条。

"五纵七横"国道主干线连接了首都、直辖市、各省（区）省会、经济特区以及所有当时人口100万以上的特大城市和主要交通枢纽、对外开放口岸城市，覆盖了70%以上全国城市总人口。

二、我国铁路运输的基础设施

截至2018年年底，我国铁路运营里程已经突破13.1万km，位居亚洲第一，世界第二，形成了"五纵四横"格局。五纵包括京沪线、京九线、京哈—京广线、同蒲—太焦—焦柳线、宝成—成昆线；四横包括滨洲—滨绥线、京包—包兰线、陇海—兰新线和沪昆线。今后还要完成"八纵八横"大通道铁路运输格局。

三、我国航空运输的基础设施

截至2020年年底，我国已有中货航、国货航等9家全货运航空公司，在国际民航组织各缔约国定期航班货物周转量排名中，我国已居第二位。航空枢纽机场逐渐形成，如上海浦东机场、上海虹桥机场、北京大兴机场、北京首都机场、广州白云机场、深圳宝安机场、厦门高崎机场和天津滨海机场等都已经成为国际性航空货运枢纽。我国现有近千家空运代理企业从事国际、国内航空货运的一类代理业务，1 000多家代理企业从事国内航空货运的二类代理业务。

四、我国水路运输的基础设施

《全国内河航道与港口布局规划》指出，将在全国形成"两横一纵"两网十八线的水路运输网。在水运资源较为丰富的长江水系、珠江水系、京杭运河与淮河水系、黑龙江和松辽水系及其他水系形成长江干线、西江航运干线、京杭运河、长江三角洲高等级航道网、珠江三角洲高等级航道网和18条主要干支流高等级航道的布局，构成我国各主要水系以通航千吨级及以上船舶的航道为骨干的航道网络。

五、我国管道运输的基础设施

管道运输业是我国新兴运输行业，是继铁路、公路、水运、航空运输之后的第五大运输形式，它在国民经济和社会发展中起着十分重要的作用，管道运输是利用管道将原油、天然气、成品油、矿浆、煤浆等介质送到目的地。

截至2018年年底，我国已建成了总长度超过13.6万 km的输油气管道，形成了初具规模的跨区域油气管网。从地理分布来看，原油运输管道主要分布在华北、华东和中南地区境内，连接大庆、辽河、华北、胜利等几个大油田及大连、秦皇岛、青岛等几大输油港口，以及近20年内相继建成的一些大炼油厂。原油运输管道主要有：大庆—铁岭—大连港、大庆—铁岭—秦皇岛港、大庆—抚顺、任丘—北京—秦皇岛港、东营—青岛黄岛油港、任丘—沧州—临邑、东营—临邑—济南—仪征、濮阳—临邑、塔中—轮南、轮南—库尔勒。以上述管线为主干，大体上形成原油输送网络，其中，运量最多的是大庆—铁岭—秦皇岛港管线，长2 000 km，管径720 mm，年运力4 500万 t。

任务三　认识运输工具

任务目标

1. 认识公路运输工具
2. 认识铁路运输工具
3. 认识航空运输工具

4. 认识水路运输工具

货物运输工具包括船舶、航空器、火车、汽车和其他运输工具,其作用是以载体的形式来完成对所承载货物的时间和空间上的位移。

针对先达货运公司的实际情况,李军进一步认识公路、铁路、航空、水运等运输方式的运输工具。

一、公路运输工具

公路货物运输的工具主要是汽车。汽车是指不用轨道、具有独立的原动力驱动装置和载运装置的轮式陆路运输工具。运输货物的汽车简称为载货汽车。载货汽车主要有以下几种。

(一)普通载货汽车

普通载货汽车按其载重量的不同可以分为轻型、中型和重型载货汽车。图 1-17 为重型载货汽车。

图 1-17 重型载货汽车

1. 轻型载货汽车

轻型载货汽车一般是指载货量在 2 t 以下的载货汽车。它的货台低,人力装卸比较方便,主要用于批量小的市区内的集货、配送方面的运输。

2. 中型载货汽车

中型载货汽车一般是指载货量在 2~8 t 的载货汽车。它的载货适用范围较广,既可以用于市区内的货物运送,也可以在城乡之间进行货物的运输。

3. 重型载货汽车

重型载货汽车是指载货量在 8 t 以上的载货汽车。它的货台较高,要借助一定的设施才能装卸货物。它主要用于大批量、长途干线的货物运输。

（二）厢式载货汽车

厢式载货汽车是指具有独立式封闭结构货厢的载货汽车，它具有防雨、封闭等功能，安全性能好，可防止货物散失，多用于价值较高的货物运输。按货厢高度的不同可分为低货厢车和高货厢车；按开门的方式不同可分为后开门、侧开门、侧后双开门、顶开门和翼式等类型。后开门厢式载货汽车如图 1-18 所示。

图 1-18　后开门厢式载货汽车

（三）集装箱载货汽车

集装箱载货汽车是指具有集装箱紧固装置或锁上装置，专门用于运输集装箱的载货汽车。如图 1-19 所示。

图 1-19　集装箱载货汽车

（四）自卸式载货汽车

自卸式载货汽车是指安装有可使货箱自动向后或向两侧倾斜卸货装置的载货汽车。如图 1-20 所示。

图 1-20 自卸式载货汽车

（五）专用货运车

专用货运车是专门用于运送特定种类货物的载货汽车。由于一些货物自身的特点和运输装卸操作时的特殊性，需要用专门的车辆进行运输，才能保证货物的质量、性能和安全等。

1. 冷藏车

冷冻货物的运输、易腐鲜活货物的运输要用带有制冷装置的冷藏车。冷藏车如图 1-21所示。

图 1-21 冷藏车

2. 保温车

运送需保温的货物要用带有保温装置的保温车，如送餐公司送餐。保温车如图 1-22所示。

图 1-22 保温车

3. 油罐车

油品运输需要使用油罐车。油罐车如图 1-23 所示。

图 1-23 油罐车

4. 混凝土搅拌车

建筑工地用的混凝土需使用混凝土搅拌车运输。混凝土搅拌车如图 1-24 所示。

图 1-24 混凝土搅拌车

（六）牵引车、挂车和汽车列车

牵引车是专门或主要用于牵引挂车的汽车，可分为全挂牵引车和半挂牵引车。全挂牵引车采用牵引杆来牵引挂车，一般都装有辅助货台，可做普通货车使用。半挂牵引车专门用于牵引半挂车，通常装有牵引座。挂车是本身没有自带动力及牵引装置，由汽车牵引组成汽车列车，用以载运货物的车辆。挂车可分为全挂车、半挂车和特种挂车等。牵引车、全挂车如图 1-25、图 1-26 所示。

图 1-25 牵引车

图 1-26 全挂车

所谓汽车列车是指一辆汽车（牵引车、普通汽车等均可）与一辆或一辆以上挂车的组合。根据组合方式的不同，汽车列车又分为全挂汽车列车、半挂汽车列车和双挂汽车列车。汽车列车如图 1-27 所示，全挂车、半挂车和双挂车如图 1-28 所示。

图 1-27 汽车列车

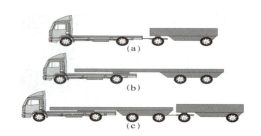

图 1-28 全挂车、半挂车和双挂车

二、铁路运输工具

铁路运输工具由机车和车辆构成。机车是铁路运输的基本动力。由于铁路车辆大都不具备动力装置，需要把客车或货车连挂成列，由机车牵引沿着钢轨运行。在车站上，车辆的转线以及货场取送车辆等各项调车作业，也要由机车完成。因此，必须保证提供足够数量的牵引性能良好的机车，还必须加强对机车的保养与检修工作，以及对机车的运用进行合理的组织。

（一）铁路机车

铁路机车按用途分为客运机车、货运机车和调车机车。客运机车要求速度快，货运机车要求功率大，调车机车应具有灵活机动的特点。按牵引动力可将铁路机车分为蒸汽机车、内燃机车和电力机车。

1. 蒸汽机车

蒸汽机车是早期的铁路机车类型，主要由锅炉、汽机、走行部、车架、煤水车、车钩缓冲装置及制动装置等部分组成。锅炉是供给机车动力的能源。它的作用是使煤燃烧，将水加热后使水变成具有相当高温度和压力的蒸汽，供给机车汽机使用。汽机则把蒸汽的热能转变成机械能，使机车运行。蒸汽机车如图 1-29 所示。

蒸汽机车的构造比较简单，制造和维修比较容易，成本比较低，因此最早被世界各国铁路采用。但是，蒸汽机车牵引力不够大、热效率太低，其总效率一般只有 5%~9%；煤水消耗量很大，需要大量的上煤、给水，而且会污染空气。因此，在现代铁路运输中，蒸汽机车已逐渐被其他新型机车所取代。

图1-29　蒸汽机车

2. 内燃机车

内燃机车利用柴油做燃料，以内燃机运转发电机产生电流作为动力来源，再由电流牵引马达使其带动车轮转动。内燃机车如图1-30所示。

图1-30　内燃机车

铁路上采用的内燃机绝大多数是柴油机。在内燃机车上，柴油机和机车动轮之间都装有传动装置，柴油机的功率是通过传动装置传递到动轮上去的，而不是由柴油机直接驱动动轮，其原因在于柴油机的特性不能满足机车牵引性能的要求。内燃机车按传动方式的不同可分为电力传动内燃机车和液力传动内燃机车两种类型。

内燃机车（以柴油为燃料）热效率高，可达30%左右，是各类机车中热效率较高的一种。内燃机车机动灵活、机车整备时间短、持续工作时间长，上足一次油后能运行较长距离，适用于长途运输，初期投资比电力机车少，而且机车乘务员劳动条件好，便于多机牵引。但内燃机车最大的缺点是对大气和环境有污染，机车构造也较复杂，制造、维修和运营费用都较高，制造大功率的车用柴油机也受到限制。

3. 电力机车

电力机车利用机车上的受电弓将高压电流自轨道上空的接触电线网，直接输入机车内的电动机，再将电流导入牵引马达，使之带动机车车轮。电力机车的牵引动力是电能，但机车本身没有原动力，而是依靠外部供电系统供应电力，并通过机车上的牵引电动机驱动机车运行。电力机车如图 1-31 所示。

图 1-31 电力机车

电力机车的构造比内燃机车简单，所用电能可由多种能源（火力、水力、核能等）转换而来，电气设备工作稳定、安全可靠，而且具有功率大、效率高、不污染环境等多种优点。电力机车被公认为最有发展前途的机车。

采用电力机车牵引的铁道称为电气化铁道。电气化铁道由牵引供电系统和电力机车两部分组成。

动车组属于动力分散型电动车组，是自带动力可以双向行驶的旅客列车，具有技术先进、安全可靠、乘坐舒适、经济、成熟及环保等优点，时速为 200~250 km/h。

目前世界上发展中的最新机车形式有涡轮机车与磁悬浮列车，这两种机车都有望达到速度快、牵引力大、低污染及节省能源的最佳状态。

（二）铁路车辆

铁路货运车辆是运送货物的工具，一般没有动力装置。铁路货运车辆种类繁多，但其结构大致相似，一般由车体、车底架、走行部、车钩缓冲装置和制动装置五个基本部分组成。为了运送不同的货物则需配备各种类型、不同功能的货车。按轴数分，铁路货运车辆有四轴车、六轴车和多轴车。四轴车的四根轴分别组成两个相同的转向架。我国铁路的大部分车辆均采用这种形式。对于载重量较大的车辆，为使每一车轴加在线路上的重量不超过线路强度所规定的吨数（称为"轴重"），可以做成六轴车或多轴车。按载重量分，铁路货运车辆有 50 t、60 t、75 t、90 t 等多种。按与物流有关的用途分，铁路货运车辆可分为行李车、货车及特种用途车。

行李车是设有行李间、办公室等设备，供旅客运送行李、包裹的车辆。随着经济的发展，城际的高附加值货物运输物流服务需求日益增多，对于铁路行李车承担的快递服务的需求亦相应增加。

1. 车体

铁路货车车体是装载货物的部分，也是货车分类的主要依据。

（1）篷车。篷车的车体由端墙、侧墙、地板、车顶和门窗等部分组成。装运货物时要关紧门窗，防止风吹日晒和雨雪的侵袭，适合于运送比较贵重和怕湿的货物。篷车如图1-32所示。

（2）敞车。敞车的车体仅由地板、侧墙和端墙组成，车墙高度在0.8 m以上。它主要用于运送不怕湿的货物，图1-33为敞车。必要时也可以在所装运的货物上面加盖篷布代替篷车装运怕湿的货物。

图1-32　篷车

图1-33　敞车

因此，敞车具有很大的通用性，是货车中数量最多的一种。另外，还有适合于大型工矿企业、专用码头用翻车机卸货的专用敞车；对装卸地点固定的散装货物，还可采用漏斗车和自翻车。

（3）平车。平车的车体大部分只有地板，部分平车装有很低的侧墙和端墙（高度≤0.8 m）。它适合装载重量、体积和长度较大的货物，如钢材、木材、汽车、机器等，也可借助集装箱装运其他货物。也有将车体做成下弯的凹型车或有一部分不安装地板的落下孔车，以便装运个别超长超大的货物，所以又称为长大货物车。有的平车装有活动墙板，也可用来装运矿石等散粒货物，还有近年来研制的双层平车，可运输小汽车。图1-34为装载集装箱的平车。

（4）保温车。保温车的车体与篷车相似，为减少太阳的辐射热，将车体外表涂成银灰色。但其墙板由两层壁板构成，壁板间填充隔热材料，以减小气温的影响，车内设有制冷或冰箱等设备，主要用于运送新鲜蔬菜、鱼和肉等易腐货物。机械保温车装有制冷机，并能自动控制车厢内温度。保温车如图1-35所示。

图1-34 装载集装箱的平车

图1-35 保温车

（5）罐车。罐车主要用来运送油、酸等各种液体、液化气体、粉状货物，外形为一个卧放的圆筒，具有较大的强度和刚度。罐体上设有安全阀，可以调节罐内压力，保证运行安全。不同结构的罐车只适宜运送某一种液体或粉状货物，所以罐车的通用性较差。罐车如图1-36所示。

除以上几种基本类型外，还有一些专用货车，如散装水泥车、自卸矿石车、煤炭漏斗车等，底部一般都做成开门式或漏斗形，以便于快速卸货。漏斗车如图1-37所示。

图1-36 罐车

图1-37 漏斗车

专用货车是为了装运某些特殊种类货物，如专门运送家畜的家畜车。专为装运各种长大重型货物（如大型机床、发电机、化工合成塔等）的长大货车、长大平车、凹底平车、落下孔车和钳夹车等。由于载重量及自重较大，为适应线路允许的轴重要求，专用货车一般轴数较多。

特种用途车一般不直接用于运送货物，是具有特殊用途的车辆，如检衡车、发电车、救援车、扫雪车等。

2. 车底架

车底架是车体的基础，它承受车体和货物的重量，通过上、下心盘将重量传给走行部。在运行时，它承受机车牵引力和各种冲击力，因此必须具有足够的强度和刚度，货车车底架由中梁、侧梁、枕梁、横梁及端梁等组成。铁路货车车底架如图1-38所示。

图 1-38　铁路货车车底架

3. 走行部

走行部是车辆的基础,作用是引导车辆沿着轨道运行,并把重量传给钢轨。在四轴车上四组轮对分成两部分,每两组轮对和侧架、摇枕、弹簧减震装置以及轴箱油润装置等组成一个整体,称为转向架。通过中心销将摇枕上的下心盘和底架枕梁上的上心盘相连接,可以相对于车底架做自由转动,便于车辆顺利地通过曲线。走行部如图 1-39 所示。

图 1-39　走行部

4. 车钩缓冲装置

车钩缓冲装置的作用是连接机车车辆、传递机车牵引力和制动力,缓和车辆之间的冲击力,它由车钩和缓冲器两部分组成。车钩缓冲装置如图 1-40 所示。

图 1-40　车钩缓冲装置

5. 制动装置

制动装置是用外力迫使运行中的机车车辆减速或停车的一种设备，是列车安全、正点运行的重要保证，也是提高列车重量和运行速度的前提条件。

我国机车车辆上的制动装置一般包括空气制动机和手制动机两部分。空气制动机也叫作自动制动机，是利用压缩空气产生制动力，一般作为列车制动用；手制动机是人力进行制动，一般只在调车时对个别车辆或车组施行制动。

为了表示车辆的类型和特征，满足使用、检修和统计上的需要，每一铁路车辆均应具备规定的标记。如路徽、车号、检修标记、配属标记、自重、载重、容积、车辆全长及特殊标记等。

三、航空运输工具

航空运输工具主要指航空器。航空器是指能够凭借空气的反作用力在大气中获得支撑的任何器械，包括重于空气的飞机、直升机、飞艇、滑翔机以及轻于空气的氢气球。飞机是目前应用最广泛、最重要的航空器。

飞机是由动力装置产生前进推力，靠固定机翼产生升力，在大气层中飞行的运载工具。

（一）飞机的布局

一般飞机的内部容积可以划分为主舱和下舱。而波音 747 划分为上舱、主舱和下舱。

1. 主舱

主舱主要是用于载客的客舱。在全部用于载货的飞机上，主舱也用来装载货物。

2. 下舱

下舱主要是用于装载货物的货舱。可将散装货物直接装于货舱内，也可将货物装于集装板、集装棚和集装箱内后，再装进货舱内。

普通飞机下舱的前、后货舱又可划分为若干个分货舱。分货舱是用永久性的固体舱壁或可移动的软网隔离而成的。固体舱壁和隔离网都是防止货物在飞行中移动的限制系统的组成部分。

（二）飞机的分类

1. 按用途分类

飞机按用途主要可分为军用机与民用机两大类。民用机又可分为客机、货机、客货两用机、教练机、农业机、林业机、体育运动机和多用途轻型机等。

（1）客机。客机是主要用于运载旅客的飞机。在这种飞机上，旅客占用主舱，而下舱可用于装载货物，如图 1-41 所示。

（2）货机。货机是专门用于运载货物的飞机。在这种飞机上，主舱和下舱均用于装载货物。货机载重量较大，有较大的舱门，便于装卸货物，如图 1-42 所示。

图 1-41　航空客机

图 1-42　航空货机

2. 按构造分类

飞机按推进装置可分为螺旋桨飞机和喷气式飞机。螺旋桨飞机按发动机类型又可分为活塞式螺旋桨飞机和涡轮螺旋桨飞机；喷气式飞机可分为涡轮喷气式飞机和涡轮风扇喷气式飞机。

飞机按发动机数目可分为单引擎飞机、双引擎飞机、三引擎飞机和四引擎飞机。

3. 按性能特点分类

飞机按最大飞行速度可分为亚音速飞机和超音速飞机。亚音速飞机又可分为低音速飞机和高亚音速飞机。大多数喷气式飞机都属于高亚音速飞机。

（三）航空集装设备

空运货物多数采用集装运输形式。航空集装设备主要是指能够使用飞机内的滚轮系统进行传递和固定的集装箱、集装板等与之配套使用的装运设备。

1. 集装板

集装板也称为托盘，是一块用胶合板或硬板制成的平滑底板，上面装载与机体货舱断面相当的货物，并用货网加以固定，组成一个单元进行运输。为了控制集装板上所装货物的体积和形状，可以使用一个与飞机货舱横断面轮廓一样大小的模型架来限制集装板上所装的货物。集装板如图 1-43 所示。

集装板制造简单、成本较低、使用方便，但对装载货物的整体形状有一定的要求。通常与集装棚、集装罩配合使用，集装棚如图 1-44 所示。

图 1-43　集装板

图 1-44　集装棚

2. 航空集装箱

航空集装箱是一种外形、体积与飞机货舱断面轮廓相吻合的集装箱，如图 1-45 所示。

图 1-45　航空集装箱

航空集装箱与飞机上的装载和固定系统直接结合，不需要任何附属设备。

航空集装箱有以下分类。

（1）按航空集装箱放置在机舱的位置分为主舱集装箱和下舱集装箱。

（2）按航空集装箱适用的联运方式分为空陆集装箱和空陆水路集装箱。

（3）按航空集装箱装运的货物分为普通货物集装箱和特殊货物集装箱。

（4）按航空集装箱制造的材料分为硬体集装箱和软体集装箱。

航空集装箱的外形和尺寸是为了充分利用特定机型货舱的容积而设计的。某种型号的集装箱只能在同种机型或相似机型中使用，差异较大的机型之间不能互换使用。航空集装箱种类和规格很多，常用的航空集装箱规格如表 1-1 所示。

表 1-1　常用的航空集装箱规格

序号	箱宽 /mm	箱高 /mm	箱深 /mm	箱门宽 /mm
1	1 562	1 626	1 534	1 194
2	2 007	1 626	1 534	1 562

四、水路运输工具

水路货物运输工具主要指船舶。按照用途的不同，船舶可以分为客船和货船。货船是本书学习的重点。

客船是用来载运旅客及其行李并携带少量货物的运输船舶。以载客为主兼运一部分货物的船舶叫作客货船。客船如图 1-46 所示。

图 1-46　客船

（一）货船

货船是专门运输各种货物的船只。常见的货船种类有杂货船、散货船、集装箱船、载驳船、滚装船、液货船、冷藏船、其他船舶。

1. 杂货船

杂货船是装载一般包装、袋装、箱装和桶装普通货物的船。杂货船按机舱位置的不同分类，分为中机型船、尾机型船和中后机型船。杂货船应用广泛，在世界商船队中吨位总数居首位。杂货船通常依据货源的具体情况及货运需要航行于各港口，设有固定的船期和航线。

为提高杂货船对各种货物运输的良好适应性，能载运大件货、集装箱、件杂货以及散货，现代新型杂货船通常设计成多用途船。

杂货船如图 1-47 所示。

图 1-47　杂货船

2. 散货船

散货船是专门用来装运煤、矿砂、盐和谷物等大宗散装货物的船舶，散货船的驾驶室和机舱都设在尾部，货舱口大，内底板和舷侧用斜边板连接，使货物能顺利地向舱中央集中，有较多的压载水舱，供空载返航时压载之用。散货船具有运量大和运价低等特点。散货船按货种可分为运煤船、散粮船、矿砂船、散装水泥船及其他专用船等。散货船如图1-48所示。

图1-48　散货船

3. 集装箱船

集装箱船是专门装运一定规格的集装箱的船舶，如图1-49所示。与普通杂货船相比，集装箱船在外形、结构、性能和动力等方面都有其特点。在外形方面，绝大多数集装箱船本身没有起重设备，所以船上没有林立的吊杆和绳索，甲板上只有堆放整齐的集装箱。此外，集装箱船的驾驶室和机舱几乎全在尾部或偏尾部。在结构方面，集装箱船的货舱为格栅结构，并具有宽大的舱口和方正的货舱。在船体性能方面，要求稳定性高，并具有良好的防摇性能。

图1-49　集装箱船

集装箱船按装载情况分类，可分为全集装箱船、半集装箱船和兼用集装箱船。

（1）全集装箱船的全部货舱和上甲板均装载集装箱，舱内装有格栅式货架，以适应集装箱的堆放，适用于货源充足而平衡的航线。全集装箱船的大小通常以表示载箱量为多少的某一代集装箱船来表示。第一代至第六代集装箱船代表的船型如表1-2所示。

表 1-2 第一代至第六代集装箱船代表的船型

代别	船舶情况					
	船长 /m	船宽 /m	吃水 /m	载箱量 /TEU①	载重量 /t	航速 / 节②
第一代	<170	<25	<8	700~1 000	<10 000	22
第二代	<225	<29	<11	1 000~2 000	15 000~20 000	26
第三代	<275	<32	<12	2 000~3 000	<30 000	30
第四代	<295	<32	>12	3 000~4 000	40 000~50 000	32
第五代	>280	<39.8	>14	>4 000	60 000~80 000	34
第六代	398	56.4	16.5	8 000~15 000	150 000	36

（2）半集装箱船的一部分货舱设计成专供装载集装箱，另一部分货舱可供装载一般杂货，适用于集装箱联运业务不太多或货源不太稳定的航线。

（3）兼用集装箱船又称集装箱两用船，既可装载集装箱，也可装载其他包装货物或汽车等。

4. 载驳船

载驳船又称子母船，是将一定尺寸的载货驳船装到一艘大的货船上，由载货驳船将货驳运至目的地后卸至水面，由拖船拖走，用于河海联运，如图 1-50 所示。

图 1-50 载驳船

载驳船的作业过程是先将驳船子船装上货物，再将驳船装上载驳船母船，运至目的港后，将驳船子船卸下水域，由内河拖船分送至目的港卸货。

---

① TEU 是英文 twenty-foot equivalent unit 的缩写，是以 20 英尺集装箱的容量为计量单位，也称国际标准箱单位，常用来表示船舶装载集装箱的能力。1 英尺 = 30.48cm。
② 节是国际航运中常用的航速单位，1 节 =1 海里 / 小时，1 海里 =1.852 km。

5. 滚装船

滚装船是将载货汽车或拖车直接从船的大舱里开到码头或由码头直接开进大舱里装卸货物，如图1-51所示。

图 1-51 滚装船

滚装船装船或卸船时类似于汽车与火车渡船。滚装船对货种的适应性强，除可装运各种车辆外，还可装运集装箱、钢材、管材和重型机械设备等长大件货物。这种船适用于装卸繁忙的短程航线，也有向远洋运输发展的趋势。

6. 液货船

运送散装液体的船统称为液货船，主要包括油船、液化气船和液态化学品船。因液体散货的理化性质差别很大，所以运送不同液货的船舶，其构造与特性均有很大差别。

油船是专门运载石油类液货的船舶。油轮如图1-52所示。油船上层建筑和机舱设在尾部、上甲板纵中部位，布置有纵通全船的输油管和步桥，石油分别装在各个密封的油舱内，装卸石油时用油泵和输油管输送。

图 1-52 油轮

液化气船分为液化石油气船、液化天然气船和液化化学气船。液化气船的液舱结构与其他货船的货舱结构不同，采用全封闭的金属罐。液化气船的吨位一般为6万~13万t。大型远洋液化气船的航速为 19~20 节，近海液化气船的航速为 15~18 节。

液体化学品船是用于载运如醚、苯、醇、酸等各种液体化学品的专用运输船舶。液体化学品大多具有剧毒、易燃、易挥发和腐蚀性强等特点，因而液体化学品船对防火、防爆、防毒和防腐蚀等有很高的要求。根据所运载货物的危险性大小，液体化学品船分为Ⅰ、Ⅱ、Ⅲ级。Ⅰ级船危险性最大，其货舱容积要求小于 1 250 m³，Ⅱ级船货舱容积则应小于 3 000 m³，Ⅲ级船装载危险性较小的液体化学品。

7. 冷藏船

冷藏船是专门运输鲜活易腐货物的船舶。冷藏船按所装货物的品种不同，要求不同的冷藏温度。冷藏船因受货运批量限制，一般吨位不大，通常为数百吨到数千吨。近年来，为提高冷藏船的利用率，出现一种能兼运汽车、集装箱和其他杂货的多用途冷藏船，吨位可达 2 万 t。冷藏船的航速高于一般货船，万吨级多用途冷藏船的航速每小时超过 20 海里。

8. 其他船舶

渡船用于江河两岸、海峡、河口或岛屿间的运输。渡船按用途可分为旅客渡船、汽车渡船和列车渡船。

驳船是专供沿海、内河、港内驳载和转运物资的吨位不大的船舶，船上设备比较简单，本身没有起货设备。驳船一般为非机动的，本身没有推进装置，移动或航行时需要用拖船拖带或推船顶推。

（二）船舶的组成结构

船舶必须有足够的强度、良好的航行性能和完善的设备与装置。运输船舶由船体构造、推进器、船舶设备、船舶系统及助航仪器等部分组成。

1. 船体构造

船体是指主甲板以下部分，直接承受静水压力、浮力、波压力、冲击力、货载及本身重量等各种外力的空间结构。为了使船舶行驶时所受的阻力最小，船体做成流线型曲面，船体两端多为尖楔形或匙形。船体前端叫船首，后端叫船尾。

船体构造的主要部分是主船体和上层建筑。

（1）主船体：由首端、中部和尾端构成。

首端指艏尖舱壁以前、上甲板以下的船体结构。首端最前端舱叫艏尖舱，设有平台甲板，平台甲板上有锚链舱和储物舱，平台甲板下是压载水舱。艏尖舱壁也是防撞舱壁。

中部结构主要是舱室结构，舱室用来装货、乘坐旅客和安装船上的机械设备。货舱之间用水密横舱壁隔开，普通干货船的每个货舱在主甲板设有舱口，舱口用水密舱盖盖住。

尾端结构是艉尖舱壁以后、上甲板以下的船体部分。

（2）上层建筑：船舶主甲板以上，由一舷伸至另一舷的围壁建筑物称为上层建筑，包括船楼和甲板室。

上层建筑用作驾驶室、工作室、船员和旅客的住室和生活用舱室或安装船舶上某些设备。

2. 推进器

船舶的行驶由船舶主机带动推进器完成。船舶推进器主要采用螺旋推进器。

3. 船舶设备

为了操纵船舶、装卸货物和安全救护而配备的舵、锚、系缆、起货和救生设备统称为船舶设备。

（1）舵设备：控制船舶航行方向的装置，包括舵和操纵装置两部分。舵由舵叶和舵杆构成。

（2）锚设备：帮助船舶操纵和停泊的装置。锚设备主要由锚、锚链、锚链筒、掣链器、起锚机及锚链舱等组成。

（3）系缆设备：用来将船舶系在码头的系船柱上或其他需要的位置上，由系缆索、带缆桩、导缆孔、导缆器及绞缆机等组成。

（4）起货设备：船上用来装卸货物的机械。普通货船装有吊货杆或起重机，油船上则设有油泵。

（5）救生设备：救生设备包括救生艇、救生筏、救生浮具、救生圈和救生衣等。

4. 船舶系统

为了船舶安全运转和船员、乘客生活的需要，船舶上设有水排泄系统、压载系统、灭火系统、生活用水系统、通风系统及冷暖系统等，这些统称为船舶系统。

为船舶系统与船舶设备所配置的动力装置称为辅机。

5. 助航仪器等部分

船舶还配备有助航仪器、索具和信号设备等设施。

任务实施

步骤一：认识公路运输工具

李军学习了有关公路运输工具的基础知识，了解到：公路货物运输的工具主要是载货汽车，载货汽车包括普通载货汽车（含轻型、中型和重型载货汽车）、厢式载货汽车、集装箱载货汽车、自卸式载货汽车、专用货运车（如冷藏车、保温车、油罐车、混凝土搅拌车）、牵引车、挂车和汽车列车等。李军还通过上网查找相关图片加深了对公路运输工具的认识。

步骤二：认识铁路运输工具

李军学习了有关铁路运输工具的基础知识，了解到：铁路运输工具由机车和车辆构成，铁路机车按牵引动力可分为蒸汽机车、内燃机车和电力机车，电力机车被公认为最有发展前途。铁路货运车辆一般由车体、车底架、走行部、车钩缓冲装置和制动装置五个基本部分组成。铁路货车车体又分为篷车、敞车、平车、保温车、罐车等。李军还通过上网查找相关图片加深了对铁路运输工具的认识。

步骤三：认识航空运输工具

李军学习了有关航空运输工具的基础知识，了解到：飞机是目前应用最广泛、最重要的航空运输工具，一般飞机的内部容积可以划分为主舱和下舱。飞机可以按用途分类，按构造分类，按性能特点分类。飞机按用途主要可分为军用机与民用机两大类，民用机又可分为客机、货机、客货两用机、教练机、农业机、林业机、体育运动机和多用途轻型机等。航空集装设备主要是指能够使用飞机内的滚轮系统进行传递和固定的集装箱、集装板等与之配套使用的装运设备。李军还通过上网查找相关图片加深了对航空运输工具的认识。

步骤四：认识水路运输工具

李军学习了有关水路运输工具的基础知识，了解到：货船是专门运输各种货物的船只，常见的货船种类有杂货船、散货船、集装箱船、载驳船、滚装船、液货船、冷藏船、其他船舶。运输船舶由船体构造、推进器、船舶设备、船舶系统及助航仪器等部分组成，其中船体构造的主要部分是主船体和上层建筑，船舶设备包括舵设备、锚设备、系缆设备、起货设备和救生设备。李军还通过上网查找相关图片加深了对水路运输工具的认识。

应用训练

根据本任务所讲述的内容，利用互联网查找图片资料，归纳整理对货物运输工具的初步认识，形成总结文档。

任务评价

任务评价表

项　目	内　容	结　果			
		非常好	较好	还不错	再加油
步骤一	认识公路运输工具				
步骤二	认识铁路运输工具				
步骤三	认识航空运输工具				
步骤四	认识水路运输工具				
综合评价					
资料准备（3分）	知识掌握（5分）	语言表述（2分）		评价得分（10分）	

拓展提升

智能运输系统

将先进的信息技术、计算机技术、数据通信技术、电子控制技术、传感器技术、自动控制理论、运筹学和人工智能等有效地综合运用于交通运输、服务控制和车辆制造，加强了车辆、道路和使用者之间的联系，以形成一种定时、准确及高效的智能运输系统（intelligent transportation systems，ITS）。

ITS 的主要组成包括以下几项。

（1）交通需求管理系统。交通需求管理系统包括交通和出行信息、公共交通线路和时间表以及需求管理和运营等。

（2）交通运输管理系统。交通运输管理系统包括驾驶员的信息协调、路线引导、交通管理控制和交通事件管理等。

（3）公共交通运输管理系统。公共交通运输管理系统包括公共交通运营规划、自动化管理、公交运输信息及公交运输安全等。

（4）电子收费系统。电子收费系统包括电子通行卡和自动计费系统等。

（5）车辆运行系统。车辆运行系统包括车辆电子通关、安全检查、车载监控和商业车辆管理等。

（6）安全避险系统。安全避险系统包括紧急情况通报、安全预报和避免碰撞等。

任务四　懂得运输操作

任务目标

1. 确定运输作业中涉及的当事人
2. 明确运输的操作过程

任务描述

认识了运输，了解了运输设施，熟悉了运输工具。李军又有新的疑问，先达货运公司在运输作业中扮演什么角色？作为先达货运公司新入职的员工，将要如何进行货物运输工作呢？

任务准备

涉及货物运输的方面，为了达到供应链的一体化目标，企业首先要对实物的流动进行有效的管理。就实物的流动来说，大多数企业涉及三个方面：供应物流、生产物流和销售物流。如果将物流中的货物运输从企业外部和企业内部的角度分析，则企业内部涉及的是生产物流中的内部分拨作业，企业外部的货物运输涉及各种运输实务，包括逆向物流及其他有关部门，如政府相关机构和各级交通运输管理部门的管理等。

一、运输作业中涉及的当事人

运输作业中所涉及的组织称作"当事人"，当事人包括托运人、承运人、代理人（包括无船承运人和国际多式联运经营人）和收货人。这里"人"是组织的概念。

（一）托运人

托运人（shipper）也称作"发货人""委托人"或"货主"，是运输合同的主要当事人之一。托运人是指货主本人或者委托他人以货主的名义，或者委托他人为货主与承运人订立货物运输合同的人。简言之，托运人是和承运人或者货运代理签订运输合同的人，是货物运输过程中委托发货的一方。

（二）承运人

承运人（carrier）是在货物运输合同中承担提供运输工具（船舶、飞机、汽车、火车等）并负责按照托运人的指示将货物运送到目的地的当事人。货运代理以承运人的方式经营时称为无船承运人（non-vessel operating common carrier，简称 NVOCC），无船承运人具有承运人的职能。

《国际贸易术语解释通则 2020》（INCOTERMS 2020，简称《2020 通则》）对承运人的解释为：承运人是在运输合同中，承诺通过铁路、公路、空运、海运、内河运输或以上述运输的联合方式履行运输或承担办理运输业务的任何人。

实际承运人，是指接受承运人委托，从事货物运输或者部分运输的人，包括接受转运委托从事此项运输的其他人。

（三）货运代理

1. 货运代理的定义

国际货运代理协会对货运代理（freight forwarder）的定义是：货运代理是根据客户指示，并为客户的利益而揽取货物运输的人，其本人并不是承运人。货运代理也可以依这些条件，从事与运送合同有关的活动，如储货（也含寄存）、报关、验收、收款等。

货运代理，简称货代，是根据托运人的委托，为托运人提供服务的人，其本人并非承运人（NVOCC 除外）。货运代理从事与运输合同有关的活动，如仓储、报关、验收、订舱、配载、收款、咨询等，并收取代理费或佣金。国际货物运输代理企业可以作为进出口货物托运人的代理人，也可作为独立经营人从事国际货代业务。

无船承运人也称"无船公共承运人"，是指无船承运业务的经营者以承运人的身份接受托运人的货载，签发自己的提单或其他运输单证，向托运人收取运费，通过国际船舶运输经营者完成国际海上货物运输，承担承运人责任的海上运输经营活动的组织。我国 2002 年 1 月 1 日起实施的《中华人民共和国国际海运条例》（2016 年修订）第一次在立法中正式引入无船承运人概念。

综合世界各国航运立法和实践来看，无船承运人只是航运实践中的一种习惯性称谓，目前将无船承运人这一概念纳入国家立法的，只有美国和我国。

2. 货运代理责任的分类

目前，各国的法律对货运代理所下的定义及其活动有所不同，按其责任范围的大小，大体可归纳为三大类。

（1）货运代理作为代理人，仅对自己的错误和疏忽负责。

（2）货运代理作为代理人，不仅对自己的错误和疏忽负责，还应使货物完好地抵达目的地，这就意味着其承担了承运人的责任和第三方造成损失的责任。

（3）货运代理的责任取决于合同的条文和选择的运输工具等。

3. 货运代理的业务范围

根据《中华人民共和国国际货物运输代理业管理规定》，货运代理企业可以接受委托，代为办理下列部分或者全部业务。

（1）订舱、仓储。

（2）货物的监装、监卸、集装箱拼箱、拆箱。

（3）国际多式联运。

（4）国际快递，私人信函除外。

（5）报关、报检、报验、保险。

（6）缮制有关单证，交付运费，结算，交付杂费。

（7）其他国际货物运输代理业务。

货运代理企业之间也可以相互委托办理（1）中有关业务。

（四）船务代理

船务代理（shipping agent）是代理的一种，又称船舶代理，简称"船代"，指接受承运人的委托，代办与船舶有关的一切业务的人。船舶代理分国内水运船舶代理和国际海运船舶代理。国内水运船舶代理通常由各港务管理单位办理。国际海运船舶代理有船舶揽货总代理和不负责揽货的船舶代理两种，其主要工作是代表船公司安排到离港的船舶，与港口当局、检验检疫、海关等相关部门衔接，船舶进出港作业，装卸货，安排装船和出运，处理单证，代理船公司签发提单，接受订舱等一系列和海洋运输有关的业务以及对承运人的其他服务性工作。

（五）收货人

收货人（consignee）是指有权收取货物的人。

因为有了运输作业中的不同当事人，就出现了各个当事人之间的关系、风险、成本和管理问题。这些问题将会在具体业务中分析。

二、运输的操作过程

运输有五种形式，即公路运输、铁路运输、航空运输、水路运输和管道运输。无论哪种运输形式，其操作过程都涉及三个方面，即接货、运送和交付。

（一）接货的操作过程

接货是指货物的实体由托运人转移到承运人手中。在发生实体转移之后，货物在途管理责任也转移到承运人手中。在海洋运输过程中，如果签发了提单，即发生了物权的转移。因此在接货的时候，无论是托运人还是承运人都要关注以下几个方面的操作。

1. 包装

我国国家标准《物流术语》中包装的定义是：为在流通过程中保护产品、方便储运、促进销售，按一定技术方法而采用的容器、材料及辅助物等的总体名称，也指为了达到上述目的而采用容器、材料和辅助物的过程中施加一定技术方法等的操作活动。

包装的目的之一是便于储运，包装分为单个包装、内包装和外包装。外包装又称运输包装，起到保护作用并且考虑输送搬运作业方便，一般将货物置入箱、袋中，根据需要，包装对货物起到缓冲防震的作用，海运包装上有相应的标识说明。外包装可以保证商品在运输等过程中不散包、不破损、不受潮、不被污染、不变质、不变味、不变形、不腐蚀、不生锈、不生虫，保持商品的数量和质量不变。所以，外包装基本决定了使用何种运输工具来提供运输服务。

2. 验货

在装运之前，要对货物的数量、件数和重量进行检验。这是货物从托运人转交给承运人时必须办理的手续，目的是分清责任。

3. 装货

装货是指货物装上承运人运输工具的过程。无论何种运输形式，装货都要考虑货物在途的完整性和在运输工具上的加固，以防止货物由于运输途中的颠簸受损。

4. 制作单证

装货之后，托运人和承运人要办理货物交接手续，一般是由双方在运输单证上标明货物已经按照实际情况由托运人在约定的时候和地点转移到承运人手中。

（二）运送的操作过程

运送是指承运人接货之后货物的在途过程。运输途中货物的安全、完好均由承运人负责，但发生不可抗力的情况除外。这些情况一般在货物发生实体转移之前由托运人和承运人在运输合同中做出约定。

有条件的时候，或者双方在接货之前已有约定，承运人可以向托运人提供货物在途信息，这些信息可以通过全球卫星导航系统（GNSS）、地理信息系统（GIS）、电话、网络等实时地提供给托运人，以便托运人了解货物在途信息。

（三）交付的操作过程

交付是指经过承运人按照货运单证上的要求，按时、完好地在约定的目的地把承运的货物交给收货人，基本程序如下。

1. 通知

承运人要在货物抵达最终目的地之前，或者按照运输合同规定的时间，通知收货人做好收货准备。

2. 交接

交接是指承运人将承运的货物在双方约定的目的地和时间交予收货人。

3. 验收

收货人按照运输单证验收货物。如果验收无误，收货人将签署的收货凭证交予承运人。如果运费到付，还要将运费支付给承运人。

任务实施

步骤一：确定运输作业中涉及的当事人

先达货运公司的客户，委托先达货运公司运输货物时，即为托运人。

当先达货运公司提供运输工具运输并承担运输任务时，即为承运人。

客户在运单中指定的收取货物的人，即为收货人。

若客户委托某货代公司处理货物运输事宜，某货代公司即为货运代理人。若先达货运公司从事国内水路运输业务，则通常各港务管理单位作为船舶代理。

步骤二：明确运输的操作过程

货物运输的基本操作过程为：接货→运送→交付。

接货的操作流程为：包装→验货→装货→制作单证。

交付的操作流程为：通知→交接→验收。

应用训练

根据本任务所讲述的内容，分析下述业务资料中的当事人关系，以及基本业务操作过程。归纳整理，形成总结文档。

华昌贸易公司是先达货运公司的客户，长期以来华昌贸易公司经营的商品的运输都是由新华货代公司代理、先达货运公司承运的。2021年4月17日华昌贸易公司托运一批电子产品，运送给自己在华北区的总代理京云贸易公司。请分析这笔运输业务中的当事人，草拟运输操作流程。

任务评价

任务评价表

项　　目	内　　容	结　果			
		非常好	较好	还不错	再加油
步骤一	确定运输作业中涉及的当事人				
步骤二	明确运输的操作过程				
综合评价					
资料准备（3分）	知识掌握（5分）		语言表述（2分）		评价得分（10分）

拓展提升

特殊货物运输操作

1. 危险货物的运输操作要点

危险货物运输，要经过受理托运，仓储保管，货物装卸、运送、交付等环节，这些环节分别由不同岗位人员操作完成。其中，受理托运、货物运送及交接保管工作环节尤其应加强管理，其操作要点如表1-3所示。

表1-3　危险货物运输业务的有关要求

工作环节	操作要点
受理托运	在受理前必须对货物名称、性质等情况进行详细了解并注明
	问清包装规格和标志是否符合国家规定要求，必要时下现场进行了解
	新产品应检查随附的技术鉴定书是否有效
	按规定检查需要的"准运证件"是否齐全
	做好运输前准备工作，装卸现场、环境要符合安全运输条件
	在受理前应赴现场检查包装等情况，看是否符合安全运输要求

续表

工作环节	操作要点
货物运送	详细审核托运单内容，发现问题要及时弄清情况，再安排运送作业
	必须按照货物性质和托运人的要求安排车班、车次
	要注意气象预报，掌握雨雪和气温的变化
	遇有大批量烈性易燃、易爆、剧毒和放射性物资时，须做重点安排
	安排大批量危险物品跨省市运输时，应安排有关负责人员带队
	遇有特殊注意事项，应在行车单上注明
交接保管	承运单位及驾驶员、装卸人员、押运人员应明确各自应负的责任
	严格货物交接手续，危险货物必须点收点交，签证手续完善
	装货时发现包装不良或不符安全要求，应拒绝装运，待改善后再运
	不能及时卸货时，在待卸期间行车人员应负责对所运危险货物的看管
	如所装货物危及安全，承运人应立即报请当地有关部门进行处理

2. 超限货物运输组织

依据超限货物运输的特殊性，其组织工作环节主要包括办理托运、理货、验道、制订运输方案、签订运输合同、线路运输工作组织、运输统计与结算等项。其中理货工作的主要内容包括：调查大型物件的几何形状和重量、调查大型物件的重心位置和质量分布情况、查明货物承载位置及装卸方式、查看特殊大型物件的有关技术经济资料，以及完成书面形式的理货报告。

3. 冷藏货物运输组织管理

冷藏运输的组织管理工作是一项复杂细致而又责任重大的工作，必须对各种冷藏运输工具的特性、易腐货物的冷藏条件、货源的组织、装车方法、调度工作等问题十分熟悉，加强运输过程中各个环节的管理工作，保证易腐货物高品质而又快速地运抵目的地。

无论采用什么冷藏运输方式，运输管理都必须坚持"及时、准确、经济、安全"的基本原则。

（1）及时。按时把货物送到指定地点是最重要的，也是最难做到的。在实际运输中，经常出现货物迟到的现象，这对于企业的销售影响很大。对于冷藏运输来说，不及时送到，对于货物的质量有很大的影响。尤其是没有机械制冷的运输工具，比较保温汽车，路上运输的时间越长，对货物质量的影响就越大。

（2）准确。在运输的整个过程中，要防止各种差错的出现。例如，货物多发、少发、漏发等。另外，在冷藏运输开始之前，承运人应该掌握准确的装卸货点，联系人的姓名、电话等，防止冷藏货物长时间存放在运输工具上。

（3）经济。这主要是运输成本的问题。从运输方式和路线的选择、运量和运价的确定等各个环节都要考虑运输成本。冷藏运输的运价都比较高，尤其是在高温季节，冷藏运输往往供不应求，价格很高，所以应该从运输组织的角度，合理地组织货源，采用正确的包装，提高装卸效率，选用正确的运输方式等。

（4）安全。安全就是要顺利地把货物送到客户手中，包括车辆的运行安全和货物的安全等内容。对于车辆的安全来说，应该保持运输车辆良好的性能，选用驾驶技术好、经验丰富的驾驶员。对于货物安全来说，要做好防盗、防损等措施。

专项法规拓展

《中华人民共和国民法典》（2020 年 5 月 28 日公布，自 2021 年 1 月 1 日起施行）

第三编　第十九章　运输合同

建议：可上网查询细则，应用学习。

项目二　公路货物运输

任务一　理解公路货物运输

1. 认识公路货物运输相关概念
2. 清楚公路货物运输的优缺点
3. 知道公路货运经营方式

公路货物运输是交通运输系统的重要组成部分之一，主要承担中、短途货物运输任务。改革开放以来，我国公路运输业快速发展。从完成的运量和周转量看，公路货运量远远超过其他运输方式，周转量也快速增长，公路运输方式在国民经济及社会发展过程中发挥着越来越重要的作用。我国公路运输服务方式和经营主体日益呈现多样化的趋势。

先达货运公司接受了将宏运公司一个集装箱的服装从太原运至天津港的运输业务，运输部经理将此单业务交给业务员张明来组织完成。张明接到任务后，根据运输时间、业务量、运输地点、运输距离等，选择了公路运输，并且制订了可行的运输方案，通过审批后执行，顺利完成了任务。

张明能够成功地完成这项任务，凭借的是他丰富的专业知识和实践经验。张明是如何从一名中职毕业生逐渐成长为一名合格的物流员的呢？首先他要具备的就是公路货物运输的相关知识，以此作为从事公路运输工作的基础。

随着高速公路的大量建设、集装箱直达运输的推广及汽车大型化的发展，公路运输在载重量、运输成本等方面的缺点正逐步得到改善。一些国家的公路运输已逐步取代铁路运输的地位，成为长途货运的重要方式。

一、公路货物运输的相关概念

公路货物运输是利用汽车在公路上运送货物的运输方式，既可供专业运输部门使用，也可以供社会和个人利用，具有机动灵活、覆盖面广和通达度深等特点。公路货物运输是交通运输系统的重要组成部分之一。公路货物运输所使用的运输工具主要是汽车，因此，一般即指汽车运输。在地势崎岖、人烟稀少、铁路和水运不发达的边远地区和经济落后地区，公路运输为主要运输方式，起着运输干线作用。图2-1为盘山公路运输。

图2-1　盘山公路运输

由于公路运输有很强的灵活性，近年来，在有铁路、水运的地区，较长途的大批量运输也开始使用公路运输。

世界经济发达国家的公路运输都发展很快，公路运输所承担的运量占运输总量的80%以上。全世界的运输网总长度为3 000多万km，其中公路为2 000多万km，约占67%，充分说明公路运输在国民经济中占有非常重要的地位。这是因为公路运输有其特殊的优势：机动灵活，可以实现门到门的直达运输。特别是世界范围内高速公路的兴建，集装箱运输和快速客运的发展，以及轿车工业的发展等因素，使公路运输的地位越来越重要。我国公路运输在客运量、货运量、客运周转量等方面均遥遥领先于其他运输方式。截至2019年年末，中国公路总里程已达501.25万km，全面建成"五纵七横"的国道主线。截至2020年低，人口在20万以上的城市的高速公路连接率高达90%，高速公路达16万km，居世界第一位。

二、公路货物运输的优缺点

（一）公路货物运输的优点

1. 机动灵活，适应性强

由于公路运输网一般比铁路、水路网的密度要大十几倍，分布面也广，因此公路运输车辆可以"无处不到、无时不有"。公路运输在时间方面的机动性也比较大，车辆可随时调度、装运，各环节之间的衔接时间较短。尤其是公路运输对客、货运量的多少具有很强的适应性，既可以单个车辆独立运输，也可以由若干车辆组成车队同时运输。

2. 可实现"门到门"直达运输

由于汽车体积较小，中途一般也不需要换装，除了可沿分布较广的路网运行外，还可离开路网深入工厂企业、农村田间、城市居民住宅等地，即可以把货物从始发地门口直接运送到目的地门口，实现"门到门"直达运输。这是其他运输方式无法与公路运输比拟的特点之一。图2-2为"门到门"运输。

图2-2 "门到门"运输

3. 在中、短途运输中，运送速度较快

在中、短途运输中，公路运输不需要倒运、转乘就可以直接将货物运达目的地，因此，与其他运输方式相比，货物在途时间较短，运送速度较快。

4. 原始投资少，资金周转快

公路运输与铁路、水路、航空运输方式相比，所需固定设施简单，车辆购置费用一般也比较低，因此，投资兴办容易，投资回收期短。

（二）公路货物运输的缺点

1. 运量较小，运输成本较高

目前世界上最大的汽车是俄罗斯别拉斯公司生产的矿用自卸车，长20.6米，自重360 t，载重450 t左右，但仍比火车、轮船小得多；由于汽车载重量小，行驶阻力比铁路大9~14倍，所消耗的燃料又是价格较高的液体汽油或柴油，因此，公路货物运输的运输成本仅次于航空运输。

2. 运行持续性较差

据有关统计资料表明，在各种现代运输方式中，公路的平均运距是最短的，运行持续性较差。如我国2019年公路平均货运距离为64.79 km。

3. 安全性较低，环境污染较大

公路运输交通事故的发生率远超过其他几种运输方式。据历史记载，自汽车诞生以来，已经吞噬掉3 000多万人的生命，特别是20世纪90年代开始，死于汽车交通事故的人数急剧增加。汽车所排出的尾气和引起的噪声也严重地威胁着人类的健康,是大城市环境污染的最大污染源之一。

三、公路货运经营方式

(一)公共运输业

公共运输业是专业经营汽车货物运输业务,并以整个社会为服务对象的经营方式,主要形式如表2-1所示。

表2-1 公共运输经营形式

类别	运营方式说明
定期定线	不论货载多少,在固定路线上按时间表行驶
定线不定期	在固定路线上视货载情况,派车行驶
定区不定期	在固定的区域内根据货载需要,派车行驶

(二)契约运输业

契约运输业指按照承运人、托运人双方签订的运输契约运送货物。托运人一般都是一些大的工矿企业,常年运量较大而且稳定。契约期限一般都比较长,短的有半年、一年,长的可达数年。按契约规定,托运人保证提供一定的货运量,承运人保证提供所需的运力。

(三)自用运输业

自用运输业是指工厂、企业、机关自购汽车,专门运送自己的物资和产品,一般不对外营业。

(四)汽车货运代理

汽车货运代理本身不掌握货源也不掌握运输工具,它们以中间人身份一面向货主揽货,一面向运输公司托运,借此收取手续费用和佣金。有的汽车货运代理人专门向货主揽取零星货载,加以归纳集中成为整车货物,然后自己以托运人名义向货物运输公司托运,赚取零担和整车货物运费之间的差额。

任务实施

步骤一:认识公路货物运输相关概念

张明认识到公路运输主要承担近距离、小批量的货物运输任务。宏运公司有一个集装箱的服装需从太原运至天津港,路程和运量适宜选择集装箱货运汽车,通过公路运输实现。

步骤二:清楚公路货物运输的优缺点

张明归纳了公路货物运输的优缺点,公路货物运输的优点有:机动灵活,适应性强;可实现"门到门"直达运输；在中、短途运输中，运送速度较快；原始投资少，资金周转快。缺点主要有：运量较小，运输成本较高；运行持续性较差；安全性较低，环境污染较大。公路运输的优势显现于水运、铁路运输难以达到的地区的长途、大批量货运及铁路运输、水运难以发挥优势的小批量、中短途运输。从太原运至天津属中短途，一个集装箱的货物属小批量，铁路运输、水运难以发挥优势，公路运输则具有明显的优势。

步骤三：知道公路货运经营方式

张明分析了公路货运的不同经营形式，明确了他所任职的先达货运公司在经营方式上属于契约运输业。

应用训练

根据本任务所讲述的内容，利用互联网查找资料，归纳整理对公路运输的理解，形成总结文档。

任务评价

任务评价表

项　　目	内　　容	结　　果			
		非常好	较好	还不错	再加油
步骤一	认识公路货物运输的相关概念				
步骤二	清楚公路货物运输的优缺点				
步骤三	知道公路货运经营方式				
综合评价					
资料准备（3分）	知识掌握（5分）	语言表述（2分）		评价得分（10分）	

拓展提升

公路运输与其他运输方式的比较

一、五种运输方式优缺点的比较

五种运输方式优缺点的比较如表2-2所示。

表 2-2　五种运输方式优缺点的比较

运输方式	优点	缺点
公路	速度较快，比较灵活，受自然条件限制较小，可实现"门到门"直达运输	运输量小，运费高，运行持续性较差，安全性较低，污染较大
铁路	运量大，连续性强，速度较快，受天气影响小，运费较低	投资多，建设周期长，短途运输成本高
水路	运量大，运费低，投资少	速度较慢，连续性差，受自然条件限制大
航空	速度快，机动灵活	运输量小，运费高，受天气影响较大
管道	运输量大，运费低，连续性强	投资较多，运货种类少

二、五种运输方式内容的比较

五种运输方式内容的比较如表 2-3 所示。

表 2-3　五种运输方式内容的比较

内容	运输方式				
	公路	铁路	水运	航空	管道
运载工具	汽车	火车	船舶	飞机	管道
运速	较快	较快	最慢	最快	
运量	较小	较大	大	最小	大
运价	较高	较低	最低	最高	较低
货运的最佳选择	各种量小的中短途货运	长途大宗货物的运输	运输时间不受限制的大宗或笨重货物	轻型、贵重或急需的货物	运输液体和气体、粉末状和颗粒状的货物
其他	机动灵活、耗能多、污染大	造价较高、占地多、耗材多	受自然条件影响大	造价高，要求设备、技术条件高，受天气影响大	连续性强、安全可靠、受天气影响小，但设备投资大，灵活性差，运货种类少

任务二　公路货物运输业务运作

任务目标

1. 熟悉公路货物运输的一般流程

2. 掌握公路整车货物托运和零担货物托运程序

3. 学会填制公路货物运单

任务描述

2021 年 6 月 5 日张明接到公司客户光明粮油食品有限公司有一批食用油须从北京运至上海的运单计划。此批托运货物及相关详细信息如下：

客户：光明粮油食品有限公司　地址：北京市通州区宋庄 ×× 号　联系人及电话：赵小静 136×××8977

收货人：上海宏达有限公司（连锁经销商）　地址：上海市闵行区中北路 ×× 号　联系人及电话：李晨 138×××68 94

装货地点：北京市通州区宋庄 ×× 号

卸货地点：上海市闵行区中北路 ×× 号

货品信息：食用植物油、10 t、50 箱、货物价值 100 000 元

运杂费标准：普通货物基础运价 0.2 元 /（t·km）、装卸费 40.00 元 /t、单程空驶损失费为运费 ×50%、保价费为货物价值 ×3‰。

张明着手完成这单运输业务。

任务准备

一、公路货物运输的一般流程

公路运输的一般流程如下：

接单→登记→调度安排→车队交接→提货发运→在途追踪→到达签收→交单。

（一）接单

公路运输主管从客户处接收（传真）运输发送计划，公路运输调度从客户处接收出库提货单证，核对单证。

（二）登记

运输调度在登记表上分送货目的地、分收货客户标定提货号码；驾驶员（指定人员及车辆）到运输调度中心取提货单，并在运输登记本上确认签收。

（三）调度安排

填写运输计划；填写运输在途、送到情况、追踪反馈表；计算机输单。

（四）车队交接

根据送货方向、重量、体积统筹安排车辆；报运输计划给客户，并确认到场提货时间。

（五）提货发运

按时到达客户提货仓库；检查车辆情况；办理提货手续；提货，盖好车棚，锁好车厢门；办好出场手续；电话通知收货人预计到达时间。

（六）在途追踪

建立收货客户档案；驾驶员及时反馈途中信息；与收货人电话联系告知送货情况；填写跟踪记录；有异常情况及时与客户联系。

（七）到达签收

电话或传真确认到达时间；司机将回单用 EMS 寄给或传真给运输公司；签收运输单；定期将回单送至客户处；将当地市场的信息及时反馈给客户。

（八）交单

按时准确到达指定卸货地点；货物交接；签收，保证运输产品的数量和质量与客户出库单完全一致；向收货人了解客户产品在当地市场的销售情况。

二、公路整车货物托运和零担货物托运程序

（一）公路整车货物托运程序

公路整车货物托运程序如下：

受理托运→验货→货物监装→调度车辆→押运→货物交付。

1. 受理托运

要求托运人签填托运单并审核托运单内容；然后确定货物运输里程和运杂费，并进行托运单编号及分送。

2. 验货

（1）运单上的货物是否已处于待运状态。

（2）装运的货物数量、发运日期有无变更。

（3）货物的包装是否符合运输要求。

（4）装卸场地的机械设备、通行能力是否完好。

3. 货物监装

要求车辆到达装货点，监装员根据运单内容和发货人联系确定交货；货物装车前，监装员检查货物包装情况；装车完毕后，应清查货位，检查有无错装、漏装。

4. 调度车辆

根据实际任务进行调度安排，包括发布调度命令、等级调度、交付调度命令等。

5. 押运

掌握押运途中的路况和社会治安保卫力量的情况；拟订预案；送请领导签字；事前检查；依章驾驶行进；沉着应急，妥善排障。

6. 货物交付

（1）清点监卸。

（2）检查货物与运输单据是否相符。

（3）收货人开具作业证明，签收。

（4）如发现货物缺失，应做记录，并开具证明。

（5）妥善处理货物事故。

在整车托运中，各岗位人员分工协作，完成各自的工作内容，如表2-4所示。

表2-4　整车托运岗位人员及工作内容

岗位人员	托运程序	工作内容
托运人	托运受理	填写托运单
托运单审核员、仓管员、定价员	承运验货	托运单审核员对托运单内容进行审核和认定；仓管员验收货物；定价员现场确定收费金额
调度	计划配运	编制车辆运行作业计划和发布调度命令
装卸员、装卸班长	派车装货	装卸员装货物；装卸班长填写装车记录
开单录单员、定价员、收款员、调度员	起票发车	开单录单员制作运单并录入计算机；定价员计算运杂费；收款员填制货票①并收费；调度员填写行车路单
驾驶员	运送与途中管理	运送货物与货物途中管理
装卸员、驾驶员、收货人	到达卸货	装卸员卸货、驾驶员填写交接记录；交付货物后收货人在货票的第四联签收

（二）公路零担货物托运程序

公路零担货物托运程序如图2-3所示。

图2-3　公路零担货物托运程序

1. 受理托运

公布办理零担货物运输的线路、站点、班期及里程运价；张贴托运须知；办理托运。

---

① 货票是承运人核收运输相关费用后的发票，共有4联，甲联：发站存查，乙联：上报，丙联：报销凭据，丁联：到站存查。

2. 核对运单

核对托运单有无涂改；核对到站与收货人地址是否相符；鉴别货物品名和属性；核对包装、件数、包装标识；核查是否夹带受限物品。

3. 检查包装

检查包装优劣；发现应包装的货物没有包装或应有内包装的货物没有内包装的应该重新包装。

4. 过磅

进行过磅、量方作业；司磅员、验货人在托运单上签字。

5. 扣贴标签

认真填写标签内容，并将标签贴在每件货物两端或正侧明显处。

6. 配载装车

按车辆容载量和货物情况进行配载；将各种随货单据附于交接清单后；核对货物堆放位置、标识；装车。

7. 卸车交接

到站后交接货物交接单和有关单证；货运员向卸车人员说明有关要求和注意事项；卸车完毕，办理交接手续，催促收货人来提货。

在零担托运中，各岗位人员分工协作，完成各自的工作内容，如表 2-5 所示。

表 2-5　零担托运岗位人员及工作内容

岗位人员	托运程序	工作内容
托运人、运单审核制作员、验货员	托运受理	托运人填写托运单；运单审核制作员审核制作托运单；验货员验货
司磅员、验货员、吊签组人员、定价员	吊签入库与收费	司磅员对货物进行过磅、量方；验货人验货；吊签组人员填写标签，粘贴；定价员确定收费金额；司磅员、验货员在托运单上签字
配货员、调度员、装卸员	配载装车	调度员安排车辆；配货员配货；装卸员检车，装货上车，填写交运货物清单
仓管员、收货人、驾驶员、收款员、单证员	仓储保管与交货	仓管员保管货物；单证员催提；收款员收费；驾驶员验货交货；交付货物后收货人在货票的第四联签收
装卸员、配货员	零担货物的中转	装卸员卸货；配货员配货；装卸员装货

三、公路货物运单

（一）公路货物运单的性质和作用

公路货物运单是承、托双方订立的运输合同或运输合同证明，它明确规定了货物承运期间双方的权利、责任。其作用主要表现在以下几方面。

（1）公路货物运单是公路运输部门开具货票的凭证。

（2）公路货物运单是调度部门派车、货物装卸和货物到达交付的依据。

（3）在运输期间发生运输延滞、空驶、运输事故时，公路货物运单是判断双方责任的原始记录。

（4）公路货物运单是货物收据、交货凭证。

（二）公路货物运单的种类

公路货物运单主要有甲种运单、乙种运单和丙种运单三种。

1. 甲种运单

甲种运单适用于普通货物运输、大件货物运输、危险品货物运输。表 2-6 为某货运公司的公路货物运单——甲种。

表 2-6

×××公司公路货物运单

（××省省内公路货物运单——甲种）

起运日期：　　年　月　日　　　　　　　　　　　　　　　编号：

承运人	地址邮编	电话传真		车牌号	运输号		车型		挂车牌号
托运人	地址邮编	电话传真		装货地址					
收货人	地址邮编	电话传真		装货地址					

货物名称及规格	包装形式	体积（立方厘米）	件数	实际重量（吨）	计费重量（吨）	计费里程（公里）	货物等级	运价率（元/千克公里）	运费金额（元）	其他杂费		保价、保险	
										费用	金额	金额	费用
										装卸费			
										过路费			
										过桥费			
合计													

续表

货物运单签订地	结算方式	付款币种 / 计价单位		运杂费合计	万　千　百　拾　元　角　分
签约事项		托运人签章或运输合同编号： 　　　　年　月　日		承运人签章： 年　月　日	收货人签章： 年　月　日

2. 乙种运单

乙种运单适用于集装箱运输。表2-7为某货运公司的公路货物运单——乙种。

表2-7

×××公司公路货物运单

（×××省省内公路货物运单——乙种：适用于集装箱汽车运输）

起运日期：　　年　月　日　　　　　　　　　　　　　　　　　编号：

承运人	地址邮编	电话传真		车牌号	运输号	车型	挂车牌号
托运人	地址邮编	电话传真		装货地址			
收货人	地址邮编	电话传真		装货地址			
集装箱箱型及数量	箱号	标志号		箱名	航次	场站货位	箱货交接方式

箱内货物名称及规格	包装形式	体积（立方厘米）	件数	实际重量（吨）	计费重量（吨）	计费里程（公里）	货物等级	运价率（元/千克公里）	运费金额（元）	其他杂费		保价、保险	
										费用	金额	金额	费用
										装卸费			
										过路费			
										过桥费			
合计													
货物运单签订地	结算方式	付款币种 / 计价单位			运杂费合计	万　千　百　拾　元　角　分	

续表

签约事项		托运人签章或运输合同编号：	承运人签章： 年　月　日	收货人签章： 年　月　日

3. 丙种运单

丙种运单适用于零担货物运输。表 2-8 为某货运公司的公路货物运单——丙种。

表 2-8

×××公司公路货物运单

（××省省内公路货物运单——丙种：适用于汽车零担货物运输）

托运日期：　　年　月　日　　　　　　　　　　　　　　　　　　编号：

起运站：			到达站：			经由：		全程				公里		
托运人		地址				电话				邮编				
收货人		地址				电话				邮编				
货物名称及规格	包装形式	体积（立方厘米）	件数	实际重量（吨）	计费重量（吨）	计费里程（公里）	运价率（元/千克公里）	运费金额（元）	站务费	装车费	中转费	仓理费	保险、保价费	货价
保险、保价价格（元）	合计													
货物运单签订地		起运日期　　　年　月　日				运杂费合计　　　万　千　百　拾　元　角　分								
签约事项		承运人签章： 年　月　日				托运人签章： 年　月　日				货运站收货人签章： 年　月　日				

（三）公路货物运单的使用流转程序

1. 甲、乙种公路货物运单的流转程序

第一联存根，作为领购新运单和行业统计的凭据。

第二联托运人存查联，交托运人存查并作为运输合同由当事人一方保存。

第三联承运人存查联，交承运人存查并作为运输合同由当事人另一方保存。

第四联随货同行联，作为载货运行和核算运杂费的凭证，货物运达，经收货人签收后，作为交付货物的依据。

2. 丙种公路货物运单的流转程序

第一联存根，作为领购新运单和行业统计的凭据。

第二联托运人存查联，交托运人存查，作为运输合同由当事人一方保存。

第三联提货联，由托运人邮寄给收货人，凭此联提货。也可由托运人委托货运代理人通知收货人，或直接送货上门，收货人在提货联收货人签章处签字盖章，收、提货后由到达站收回。

第四联货运代理人存查联，交货运代理人存查并作为运输合同由当事人另一方保存。

第五联随货同行联，作为载货运行和核算运杂费的凭证，货物运达，经收货人签收后，作为交付货物的依据。

丙种公路货物运单与汽车零担货物交接清单配套使用。

任务实施

步骤一：熟悉公路运输的一般流程

公路货运的流程可以概括为托运、发运、交接三个阶段，其操作流程如图2-4所示。

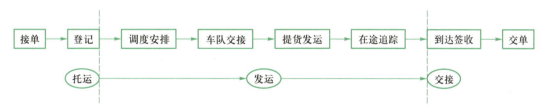

图2-4 公路运输操作流程

张明从客户处接收运输计划，通知公路运输调度从客户处接收出库提货单证；核对单证。

步骤二：掌握公路整车货物托运和零担货物托运程序

光明粮油食品有限公司这批食用油，采用整车托运。张明负责填写运单，交由审核员审核，并通知调度员安排车辆。

如果是零担托运，张明负责填写运单，并提交审单，通知司磅员过磅、量方，通知调度员安排车辆，以及配货员配货。

步骤三：学会填制公路货物运单

根据任务描述中的详细资料填制公路货物运单（见表2-9）。

表2-9 先达货运公司公路货物运单

日期：2021年6月5日　　　　　　　　　　　　　　　　运单编号：01-L11-0205

发货人	光明粮油食品有限公司	地址	北京市通州区宋庄××号	电话	136×××8977	装货地点	北京市通州区宋庄××号		厂休日	
收货人	上海宏达有限公司	地址	上海市闵行区中北路××号	电话	138×××6894	卸货地点	上海市闵行区中北路××号		厂休日	
付款人	光明粮油食品有限公司	地址	北京市通州区宋庄××号	电话	136×××8977	约定起运时间	6月6日	约定到达时间	6月10日	需要车种	厢式车
货物名称及规格	包装形式	件数	体积（立方厘米）	件重（千克）	重量（吨）	货物价值（元）	货物等级	计费项目	里程（公里）	运价率	金额（元）
食用植物油	纸箱	50		200	10	100 000		运费	1 490	0.2元/吨公里	2 980.00
								装卸费		40.00元/吨	400.00
								单程空驶损失费		50%运费	1 490.00
								保价费		3‰	300.00
合计				零 万 伍 仟 壹 佰 柒 拾 元							
托运记载事项			付款人银行账号	168899382537××××			承运人记载事项		承运人银行账号	403312509478××××	
注意事项	1. 托运人请勿填写栏内的项目。2. 货物名称应填写具体品名，如货物品名过多，不能在运单内逐一填写，须另附物品清单。3. 保险或保价货物，在相应价格栏中填写货物声明价格。					托运人签章：年 月 日			承运人签章：先达货运公司2021年6月5日		

说明：1. 填写在一张运单内的货物必须属同一托运人。对拼装分卸货物，应将每一拼装或分卸情况在运单记事栏内注明。易腐蚀、易碎货物、易溢漏的液体、危险货物与普通货物以及性质相抵触、运输条件不同的货物，不得用同一张运单托运。托运人、承运人修改运单时，须签字盖章。

2. 本运单一式四联：（1）受理存根；（2）托运人存查联；（3）承运人存查联；（4）随货同行联。

张明完成货物运单后，托运人须在相应位置签字、盖章确认。

应用训练

分角色作业，角色设定：制单员，托运人。要求运单填制符合规定，正确无误，不漏填，填写清楚规范。

背景资料：

2021 年 7 月 4 日上午，客户旗美食品有限公司有一批蘑菇罐头须从北京运至上海，托运货品详细信息如表 2-10 所示。

表 2-10　托运货品详细信息

客户	旗美食品有限公司 北京市怀柔区青春路 ×× 号 刘梅 139×××× 3489
收货人	上海鼎盛食品超市 上海市普陀区南新路 ××× 号 齐远 155×××× 5674
装货地点	北京市怀柔区青春路 ×× 号
卸货地点	上海市普陀区南新路 ××× 号
货品信息	蘑菇罐头、10 t、50 箱、货物价值 200 000 元
运杂费标准	普通货物基础运价 0.18 元 /（t·km），装卸费 805 元 /t，单程空驶损失费为运费 ×45%，保价费为货物价值 ×4‰

请根据以上信息填制公路货物运单。

任务评价

任务评价表

项　　目	内　　容	结　　果			
		非常好	较好	还不错	再加油
步骤一	熟悉公路货物运输的一般流程				
步骤二	掌握公路整车货物托运和零担货物托运程序				
步骤三	学会填制公路货物运单				

续表

项 目	内 容	结 果			
		非常好	较好	还不错	再加油
综合评价					
知识掌握（3分）	内容完整（5分）	操作正确（2分）		评价得分（10分）	

拓展提升

公路运输注意事项

1. 整车货物公路运输的注意事项

（1）车辆必须按时到达发货点，驾驶员应负责点数、监装、重新整理。

（2）在承运货物时，要有发货人开具的与实物相符的发货票和随车移转的文件、单据。

（3）货物运抵目的地，驾驶员应向收货人交清货物，请收货人加盖单位公章。

（4）货物运到后，请收货人凭有效证件提货。

（5）货物交付时，承运人与收货人应做好交接工作，如发现问题，双方签字确认。

2. 零担公路运输的注意事项

（1）零担托运受限条件多。

（2）受理托运方法：随时托运、预先审批、日历承运。

（3）检查每件货物是否有货物标识。

（4）检查运单和货物标识内容是否完全一致。

（5）不能凭信用卡、白条交付货物。

3. 填写公路运单的注意事项

（1）一张托运单内的货物，必须是同一托运人、收货人、装货地、卸货地点。

（2）易腐、易碎、易溢漏货物不能与普通货物用同一张运单。

（3）托运人要自行装卸的货物，经承运人确认后，在运单内注明。

（4）应该使用钢笔或者圆珠笔填写，字迹清楚，内容准确。

（5）已填运单如有修改，须在更改处签字盖章。

（6）准确填写托运人和收货人的名称（姓名）和住址（住所）、电话、邮政编码。

（7）准确标明货物的名称、性质、件数、重量、体积以及包装方式。

（8）一张运单托运的货物必须是同一托运人，对拼装分卸的货物应将每一拼装货分卸情况在运单记事栏内注明。

（9）一张托运单托运的件货，凡不具备同品名、同规格、同包装的货物以及搬家货物，应提交物品清单。

（10）托运集装箱，应注明箱号和铅封号码。

（11）托运轻泡货物需折算为运费吨，按运费吨计收运费。

（12）托运人委托承运人代递有关证明文件、化验报告或单据等，须在托运人记事栏内注明名称和份数。

（13）托运有特殊要求的货物，在运单托运人记事栏内注明商定的运输条件和特约事项。

（14）托运人必须准确填写运单的各项内容，字迹要清楚。对所填写的内容及所提供的有关证明文件的真实性负责，并须签字盖章。

（15）托运人不如实填写运单，错报、误报货物名称或装卸地点，造成承运人错送、装货落空以及由此引起的其他损失，托运人应该负赔偿责任。

（16）托运政府限运和经国家有关部门查验的货物，应附有关准运证明和检验证明，并在运单中注明。

任务三　公路货物运输费用计算

任务目标

1. 清楚公路运输费用的计费要素
2. 知道公路货物运费的计算公式
3. 学会计算公路货物运费

任务描述

运输在整个物流中占有很重要的地位，成本占物流总成本的 35%~50%，占商品价格的 4%~10%。运输成本的降低对物流总成本的节约具有举足轻重的作用。

先达货运公司张明接到新订单，客户要求运送一批瓷砖，重 4 538 kg。根据公司公布的一级普货费率为 1.2 元 /（t·km），吨次费为 16 元 /t，该批货物运输距离为 36 km，瓷砖为普货三级，计价加成 30%，途中通行费为 35 元。张明按照公路运输的计费要求进行了核算，并且准确、及时地传报给客户，令客户感到满意，张明是如何做的呢？

任务准备

公路运费通常以"t·km"为计费单位。一般有两种计算标准：一是按货物等级规定基本运费费率，二是按路面等级规定基本运价。凡是一条运输路线包含两种或两种以上的等级公路时，则以实际行驶里程分别计算运价。特殊道路，如山岭、河床、原野地段，则由承托双方另议商定。

一、公路运输费用

公路运费费率分为整车（FCL）和零担（LCL）两种，后者一般比前者高30%~50%。按我国公路运输部门规定，一次托运货物2.5 t以上的为整车运输，适用整车费率；不满两吨半的为零担运输，适用零担费率。每1 kg重的货物，体积超过3 dm³的为轻泡货物或尺码货物（measurement cargo）。整车轻泡货物的运费按装载车辆核定吨位计算；零担轻泡货物按其长、宽、高计算体积，每3 dm³折合1 kg（即每立方米货物折合333 kg），以千克为计费单位。此外，还有包车费率（lump sum rate），即按车辆使用时间（小时或天）计算。

二、公路运输计价的方式

（一）整车货物的基本运价

整车货物的基本运价指一整批普通货物在等级公路上运输的每吨千米运价，在计算时，按照货物重量加收吨次费。若为轻泡货物，按折合后的重量计费。

（二）零担货物的基本运价

零担货物的基本运价指零担普通货物在等级公路上运输的每千克千米运价。若为轻泡货物，按折合后的重量计费。

（三）包车运价

以小时为单位或以天为单位计算包车运价。

三、公路货物运费的计算步骤

公路货物运费的计算步骤如图2-5所示。

图2-5 公路运费的计算步骤

（一）确定基本运价

公路运输的货物可分为普通货物、特种货物、危险货物、贵重货物、鲜活货物、快递货物等几种，货物又分为三个等级，不同的货物种类、等级对应着不同的运价加成率，如一级普通货适用基础运价，三级普通货则在基础运价之上加价三成，详见表2-11。

表2-11　公路货物运费运价加成率

货物	等级（一等/级）	等级（二等/级）	等级（三等/级）
普通	基础运价	基础运价×（1+15%）	基础运价×（1+30%）
特种	基础运价×（1+40%） 基础运价×（1+60%）	基础运价×（1+60%） 基础运价×（1+80%）	—
危险	基础运价×（1+60%） 基础运价×（1+80%）	基础运价×（1+40%） 基础运价×（1+60%）	—
贵重、鲜活	基础运价×（1+40%）	基础运价×（1+60%）	—
快递	基础运价×（1+40%）	—	—

（二）确定计费重量

公路运输中一般货物按毛重计费，整车货物按吨计费，保留一位小数，如整车货物重9.83 t，则按9.8 t计费；零担货物按千克计费，按四舍五入制保留整数，如货物重674.8 kg，则按675 kg计费。轻泡货物、包车运输的计费方法前面已解释过，此处不赘述。详见表2-12。

表2-12　公路货物运输计费重量

计费形式	计费重量	整车货物	零担货物
一般货物	毛重	进位至0.1 t	进位至千克
轻泡货物	折合重量	按车辆核定吨位计算	$1 m^3$折合333 kg
包车运输	—	按车辆核定吨位计算	—
散装货物	—	按体积折算	—

（三）确定计费里程

公路运费计费里程以公里为单位，不同起止点间的里程可参考《全国主要城市间公路里程表》。

（四）确定其他运输费用

其他运输费用包括调车费、延滞费、装货（箱）落空损失费、道路阻塞停运费、车辆处置费、车辆通行费、运输变更手续费等，详见本任务拓展提升。

任务实施

步骤一：清楚公路运输费用的计费要素

1. 计费重量

（1）计量单位。

① 整车货物运输以吨为单位。

② 零担货物运输以千克为单位。

③ 集装箱运输以箱为单位。

（2）重量确定。

① 一般货物将毛重作为计费重量。整车一般货物重量计至 0.1 t，尾数不足 0.1 t 的，四舍五入。零担一般货物起码计费重量为 1 kg，重量在 1 kg 以上，尾数不足 1 kg 的，四舍五入。

② 整车轻泡货物的运费按装载车辆核定吨位计算；零担运输轻泡货物按折合重量计费，以货物包装最长、最宽、最高部位尺寸计算体积，按每立方米折合 333 kg 计算重量。

③ 包车运输按车辆的核定吨位计费。

④ 散装货物按体积由各省、自治区、直辖市统一规定重量换算标准计算重量。

2. 计费里程

货物运输计费里程以千米为单位，尾数不足 1 km 的，进整为 1 km。

3. 包车运输的计费时间

包车运输的计费时间以小时为单位。起码计费时间为 4 小时；使用时间超过 4 小时，按实际包用时间计算。整日包车，每日按 8 小时计算；使用时间超过 8 小时，按实际使用时间计算。时间尾数不足半小时舍去，达到半小时进整为 1 小时。

4. 运价单位

（1）整车运输：元 /（t·km）。

（2）零担运输：元 /（kg·km）。

（3）集装箱运输：元 /（箱·km）。

（4）包车运输：元 /（吨位·小时）。

步骤二：知道运费的计算公式

1. 整车货物运费

整车货物运费的计算公式为

运费 = 吨次费 × 计费重量 + 整车货物运价 × 计费重量 × 计费里程 + 其他运输费用

2. 零担货物运费

零担货物运费的计算公式为

$$运费 = 零担货物运价 \times 计费重量 \times 计费里程 + 其他运输费用$$

3. 包车运费

包车运费的计算公式为

$$运费 = 包车时间 \times 包车运价$$

4. 专线货物运费

专线货物运费的计算公式为

$$运费 = 计费重量 \times 运价率 \times （1+加成率）$$

步骤三：学会计算运费

张明在本次任务中是这样计算运费的

（1）瓷砖重 4 538 kg，超过 2.5 t，应按整车运输办理，计费重量为 4.5 t。

（2）依据任务描述中已知材料，瓷砖为三级普货，计价加成率为 30%（查表 2-11），公司公布的一级普货费率为 1.2 元 /（t·km），所以有

$$运价 = 基础运价 \times （1+30\%）=1.2 \times （1+30\%）=1.56[元 /（t·km）]$$

（3）依据任务描述中已知条件，吨次费为 16 元 / 吨，运输距离为 36 km，途中通行费为 35 元，所以有

$$运费 = 吨次费 \times 计费重量 + 整车货物运价 \times 计费重量 \times 计费里程 + 运输其他费用$$
$$=16 \times 4.5+1.56 \times 4.5 \times 36+35=359.72=360 （元）$$

应用训练

根据如下背景资料计算公路运输的基本运费。注意计算中的相关要求，各项计算要完整、准确。

背景资料：某商场托运两箱毛绒玩具，每箱规格为 1.0 m×0.8 m×0.8 m，毛重 185.3 kg，该货物运费率为 0.002 5 元 /（kg·km），运输距离 120 km，需要支付多少运费？

任务评价

任务评价表

项　　目	内　　容	结　果			
		非常好	较好	还不错	再加油
步骤一	清楚公路运输费用的计费要素				
步骤二	知道公路货物运费的计算公式				

续表

项　目	内　　容	结　　果			
		非常好	较好	还不错	再加油
步骤三	学会计算公路货物运费				
综合评价					
知识掌握（3分）	内容完整（2分）		计算正确（5分）		评价得分（10分）

拓展提升

公路货物其他运输费用

货物运输费用是承运单位向客户提供运输劳务所耗用的费用。除基本运输费用之外，还可能涉及其他运输费用。

1. 调车费

应托运人要求，车辆调往外省、自治区、直辖市或调离驻地临时外出参加营运，调车往返空驶者，可按全程往返空驶里程、车辆标记吨位和调出省基本运价的50%计收调车费。

2. 延滞费

（1）发生下列情况，应按计时运价的40%核收延滞费。

① 因托运人或收货人责任引起的超过装卸时间定额。

② 应托运人要求运输特种或专项货物需要对车辆设备改装、拆卸和清理延误的时间。

③ 因托运人或收货人造成的集装箱不能及时装箱、卸箱、掏箱、拆箱、冷藏箱预冷等。

（2）由托运人或收、发货人责任造成的车辆在国外停留延滞时间延滞费按计时包车运价的60%~80%核收。

（3）因承运人责任引起货物运输期限延误，应根据合同规定，按延滞费标准，由承运人向托运人支付违约金。

3. 装货（箱）落空损失费

应托运人要求，车辆开至约定地点装货（箱）落空造成的往返空驶里程，按其运价的50%计收装货（箱）落空损失费。

4. 道路阻塞停运费

汽车货物运输过程中，如发生自然灾害等不可抗力造成的道路阻滞，无法完成全程运输，需要就近卸存、接运时，卸存、接运费用由托运人负担。已完运程收取运费；未完运程不收运费；托运人要求回运，回程运费减半；应托运人要求绕道行驶或改变到达地点时，运费按实际行驶里程核收。

5. 车辆处置费

应托运人要求，运输特种货物、非标准箱等需要对车辆改装、拆卸和清理所发生的工料费用，均由托运人负担。

6. 车辆通行费

车辆通过收费公路、渡口、桥梁、隧道等发生的收费，均由托运人负担。

7. 运输变更手续费

托运人要求取消或变更货物托运手续，应核收变更手续费。因变更运输，承运人已发生的有关费用，应由托运人负担。

专项法规拓展

1.《汽车运价规则》和《道路运输价格管理规定》（交通运输部、国家发展和改革委员会联合通知 2009 年 9 月 1 日起实施）

2.《道路危险货物运输管理规定》（交通运输部 2013 年 1 月 23 日发布，2013 年 7 月 1 日起施行，2019 年进行第二次修正）

3.《超限运输车辆行驶公路管理规定》（交通运输部发布 2016 年 9 月 21 日起施行）

4.《公路安全保护条例》（2011 年 7 月 1 日起施行）

5.《公路工程节能规范》（交通运输部 2020 年 1 月 22 日发布，2020 年 5 月 1 日起施行）

建议：可上网查询细则，应用学习。

项目三 铁路货物运输

任务一 理解铁路货物运输

任务目标

1. 认识铁路货物运输的优缺点、发运形式和货物类型
2. 清楚铁路承运人对货物托运和运输形式的限定
3. 知道铁路货运代理

任务描述

铁路运输是陆上运输中最有效的一种交通方式，方便快捷，节省能量。如果配置得当，铁路运输可以比路面运输运载相同重量货物时节省 50%~70% 能量。而且，铁轨能平均分散火车的重量，使火车的载重力大大提高。

先达货运公司承担东北粮油公司的货运业务。东北粮油公司是以经营食用成品油为主的粮油经销企业，销售人员根据市场需求，准备从哈尔滨向广州运输 115 t 桶装成品包装食用油，希望在半个月内到达。张轩作为先达货运公司的业务人员承担了该项货运业务工作。

根据货物的特点、数量、规格，哈尔滨到广州的距离以及到货的时间分析，比较公路、铁路、水路和航空等运输方式，初步确定采用铁路运输方式。

任务准备

一、铁路货物运输的含义、优缺点

（一）铁路货物运输的含义

铁路货物运输是利用铁路、车站枢纽设备、机车车辆等要素相互协调配合，共同实现货物位移的最重要的现代化运输方式之一，在陆上运输中起着骨干作用。

（二）铁路货物运输的优点

（1）不受天气影响，稳定、安全。

（2）具有定时性，可以按计划运行。

（3）中长距离运货运费低廉。铁路单位运输成本低于航空与公路运输，有的甚至低于内河运输。

（4）输送能力强，可以大批量运输。

（5）节能，环境污染程度小。

（三）铁路货物运输的缺点

（1）短距离货运成本高。

（2）货车编组、转轨需要时间。

（3）运费没有伸缩性。

（4）不能实现"门对门"直达运输。

（5）车站固定，不能随处停车。

（6）货物滞留时间长。

（7）不适宜紧急运输。

（8）机动性差，只能在固定线路上运行。

因此铁路货物运输适用于内陆地区运送中长距离、大运量、时间性要求不强、可靠性要求高的一般货物和特种货物，如煤炭、矿石、建材、粮食等货物。

二、铁路货物发运形式

（一）整车运输

一批货物的重量、体积或形状需要以一辆以上铁路货车运输的，即属于整车运输。

（二）零担运输

一批货物的重量、体积、性质或形状不需要一辆铁路货车装运（用集装箱装运除外），即属于零担运输。

为了便于装卸、交接和保管，有利于提高作业效率和货物安全，除按整车运输办理的货物外，一件货物体积不能小于 $0.02\ m^3$（一件重量在 10 kg 以上的除外），每批件数不超过 300 件的货物，均可按零担运输办理。

铁路运输零担货物可以分为普通零担货物、危险零担货物、笨重零担货物和零担易腐货物。

装运零担货物的车辆称为零担货物车，简称零担车。零担车的到站必须是两个（普通零担货物）或三个（危险零担货物或笨重零担货物）以内的零担车，称为整装零担车，简称整零车。整零车按车内所装货物是否需要中转，分为直达整零车和中转整零车两种；按其到站个数，分为一站整零车、两站整零车和三站整零车三种。

（三）集装箱运输

集装箱运输是指不会损坏箱体，能装入箱内的货物运输形式。符合集装箱运输条件的货物都可按集装箱运输办理。集装箱运输作为一种先进的运输方式，因其本身具有其他交通运输方式不可替代的优势和特点，发展前景极其广阔。

集装箱按箱型可分为：1吨箱、5吨箱、6吨箱、10吨箱、20英尺箱、40英尺箱。20英尺以上的集装箱称为大型集装箱。

集装箱按箱主可分为：铁路集装箱、自备集装箱。

集装箱按类型可分为：通用集装箱、专用集装箱。

（四）"五定"班列

"五定"班列是铁路运输按照管理规范化、运行客车化、服务承诺化、价格公开化的原则，适应市场需求推出的新产品。

"五定"班列办理整车、集装箱和零担（仅限一站直达）货物，但不办理水陆联运、先运后付、超限、限速运行货物和运输途中需加水或装运途中需加冰、加油的冷藏车的货物。

1. "五定"的具体内容

（1）定点：装车站和卸车站固定。

（2）定线：运输线固定。

（3）定车次：班列车次固定。

（4）定时间：货物发到时间固定。

（5）定运价：全程运输价格固定。

2. "五定"班列的特点

与整车、集装箱和零担货物运输相比，"五定"班列有下述特点。

（1）运行快速：日行800 km（单线600 km）。

（2）手续简便：一个窗口一次办理完承运手续。

（3）一次收费：明码标价，价格合理。

（4）安全优质：保证运到时间，安全系数高。

（五）行包快运

1. "站到站"行李包裹托运

"站到站"行李包裹是指通过旅客列车行李车运输的小件货物，由中铁快运公司和铁路局共同办理，包括行李、包裹两种办理方式，由办理行包业务的车站行包房或中铁快运公司营业部向客户提供行李包裹托运和领取服务。

行李是指旅客自用的被褥、衣服、个人阅读的书籍、残疾人车和其他旅行必需品。行李中不得夹带货币、证券、珍贵文物、金银珠宝、档案材料等贵重物品和国家禁止、限制运输物品、危险品。行李每件的最大重量为 50kg。体积以适于装入行李车为限，但最小不得小于 0.01 m³。

包裹是指适合在旅客列车行李车内运输的小件货物。包裹分为四类。

一类包裹：自发刊日起 5 日以内的报纸；中央、省级政府宣传用非卖品；新闻图片和中、小学生课本。

二类包裹：抢险救灾物资，书刊，鲜或冻鱼类，肉、蛋、奶类，果蔬类。

三类包裹：不属于一、二、四类包裹的物品。

四类包裹：①一级运输包装的放射性同位素、油样箱、摩托车；②泡沫塑料及其制品；③国务院铁路主管部门指定其他需要特殊运输条件的物品。包裹每件体积、重量的限制与行李相同。

2."门到门"小件快运

小件快运是中铁快运公司依托铁路客车行李车、公路、航空和市内配送资源，向客户提供的小批量货物"门到门"运输服务。

小件快运包括时限快运、普通快运等具体产品，能够提供全国各城市间的次日达、三日达、四日达等不同时限等级的运输服务。原则上单件货物重量不超过 50 kg。

（1）时限快运：根据客户需求，将当日承运的包裹，利用高铁动车组、客车行李车、特快货物班列、公路干线车和航空方式进行运输，并按照向客户承诺的交付日期（时间）交付。根据客户不同需求，时限快运可分为次日达、三日达、四日达。超出所承诺的运到时限，经确认不属于免责条款范围内的，退还全部运费。时限快运具体分类如下。

① 次日达：自承运当日算起，在次日 17 时前送达。

② 三日达：自承运之日算起，在第三日 17 时前送达。

③ 四日达：自承运之日算起，在第四日 17 时前送达。

（2）标准快运：根据客户需求，将承运的包裹，利用客车行李车、货物班列、公路干线车和航空方式进行运输，采用标准定价、标准操作流程，各环节均以最快速度进行承运、中转和配送，并对客户做出相对准确的时限承诺，主要定位于单批 5 kg 以上的小件货物。

图 3-1 铁路行包快运班列

国内主要大中城市间的"门到门"快运服务，从承运当日起 4 日内送达；运输距离 3 500 km 以上或无法直达的城市间，从承运当日起 4~6 日送达。

图 3-1 为铁路行包快运班列。

（六）高铁快运

高铁快运是中国铁路为客户提供的与高铁品牌形象和客运服务水准相匹配，时效快、品质优、标准高的"门到门"小件快运服务。

1. 高铁快运限时服务

高铁快运共包括四种限时服务。

（1）当日达：为满足客户对快件高时效的需求，提供的城市之间当日收取当日送达的高铁快运服务，包含"省内当日达"和"省际当日达"。服务时效为：当日截单时间前所承接的快件，承诺当日22时前送达收件人。

（2）次晨达：城市间当日收取次日上午送达的"门到门"高铁快运服务。次晨达业务包含"省内次晨达"和"省际次晨达"。服务时效为：当日截单时间前所承接的快件，承诺次日11时前送达收件人。

（3）次日达：城市间当日收取次日送达的"门到门"高铁快运服务。次日达业务包含"省内次日达"和"省际次日达"。服务时效为：当日截单时间前所承接的快件，承诺次日18时前送达收件人。

（4）隔日达：城市间当日收取第三日送达的"门到门"高铁快运服务。服务时效为：当日截单时间前所承接的快件，承诺第三日18时前送达收件人。

2. 高铁快运标准服务

高铁快运还提供两种标准服务。

（1）经济快递：为满足客户一般性时效需求，所提供的高铁快运服务时效根据距离远近在3~5日送达（含寄送当天）的高铁快运产品。服务时效为：距离1 600 km以内的城市间3日送达，距离超过1 600 km的城市间4日送达，距离超过2 400 km的城市间或者交通不便的地区（偏远地区）5日送达。

（2）同城快递：为客户提供的取派件均在同一城市的高铁快运服务。

图3-2为高铁快运专列。

图3-2 高铁快运专列

三、铁路运输货物的类型

铁路运输的货物类型主要有：普通货物、特种货物、大宗直达货物、联运货物等。

（一）普通货物

普通货物指在铁路运送过程中，按一般条件办理的货物，如煤、粮食、木材、钢材、矿建材料等。

（二）特种货物

铁路运输的货物中，有一部分具有危险、长大笨重、易腐、贵重等特点，它们对于装卸、运送和保管等作业有特殊要求，这类货物统称为特种货物。在运输过程中需要使用特别的车辆装运或采取特殊运输条件和措施，才能保证货物完整和行车安全。铁路特种货物一般可分为三大类，即危险货物、鲜活货物和阔大货物。

1. 危险货物

铁路运输中，把具有易燃、易爆、毒害、腐蚀、放射性等性质，在运输装卸和储存保管过程中，容易造成人身伤亡和财产毁损而需要特别防护的货物，称为危险货物。

（1）危险货物的分类。我国《铁路危险货物运输管理规则》（TG/HY105-2017，铁总运〔2017〕164号）把铁路运输的危险货物共分为9类24项。

（2）危险货物安全运输措施。铁路管理部门制定了承运方和托运方均必须遵循的条例。其范围涉及整个危险货物运输过程中各个方面，包括危险货物包装和标志、危险货物托运和承运、装卸和运输、危险货物车辆调车、危险货物车辆编组和挂运等。

2. 鲜活货物

鲜活货物是指在铁路运输过程中，需要采取制冷、加温、保温、通风、上水等特殊措施，以防止腐烂变质或病残死亡的货物。鲜活货物分为易腐货物和活动物两大类。易腐货物的运输设备包括冷藏车、冷藏集装箱、加冰所、制冰厂和机械冷藏车保温段等。

为了适应鲜活货物对运输的特殊要求，防止该类货物在储存、运输过程中腐烂、变质或病残死亡，铁路管理部门制定了《铁路鲜活货物运输规则》。该规则确定了易腐货物运输的基本条件，并对易腐货物装车与卸车、易腐货物车辆运行组织、加冰冷藏车的加冰作业以及一般活动物运输和蜜蜂运输等做出了具体详细的规定。

3. 阔大货物

在铁路运输中，一般把超限货物、超长货物和超重货物统称为阔大货物。阔大货物外形复杂、体积庞大、价格昂贵、对运送条件要求高，经由铁路运送时，不仅在车辆使用上要严格挑选，而且必须遵守《铁路货物装载加固规则》和《铁路超限超重货物运输规则》所规定的装载加固技术条件和其他各项规定。由于货物装载受到车辆的技术规格、铁路限界和运行条件等因素的影响，因此货物装载必须满足一定的基本要求，即装载货物的重量，不得超过铁路货车容许载重量，并应合理地分散在车底板上，不得偏重；货物装载的宽度与高度，除超限货物外不得超过机车车辆限界和特定区段装载限制。

（三）大宗直达货物

大宗货物由直达列车实行规定发站和到站、规定托运人和收货人、规定运行路线及车次，固定运输费用的组织办法运输。

（四）联运货物

联运货物指铁路和水路联运的整车货物。

四、铁路承运人对货物托运和运输形式的限定

由于货物形态和性质不同，铁路承运人对货物托运的要求也不同，大致可以分为：按一批货物托运和按运输形式托运。

（一）按一批货物托运的限定

按一批货物托运的货物必须是托运人、收货人、发站、到站和装卸地点相同的货物（整车分卸货物除外）。整车货物以每车皮为一批，跨装的货物以每一车皮组为一批。直通运输的整车皮货物，一批的重量和体积规定如下。

1. 重质货

每批重量规格为 30 t、50 t、60 t（不适用货车增载的规定）。

2. 轻泡货

每批体积规格为 60 m³、95 m³、115 m³。

（二）按运输形式托运的限定

1. 整车托运

一批货物的重量、体积或形态需要用一辆 30 t 以上的铁路货车运输的，应按整车托运。但是有的货物由于性质特殊或在途中需要特殊照料，或受铁路条件限制，尽管不够整车运输条件也应按整车托运。例如以下几种。

（1）需要冷藏、保温或加温运输的货物。

（2）规定限按整车办理的危险货物。

（3）易于污染其他货物的污秽品。

（4）不易计算件数，只能按重量承运的散装、堆装货物。

（5）未装容器的活动物。

（6）蜜蜂。

（7）单件重量超过 2 t，体积超过 3 m³ 或长度超过 9 m 的长大笨重货物。

2. 铁路零担托运、快件托运

一批货物的重量、体积或形态不够整车运输条件的货物，应按零担托运，对时间要求高

的，按快件托运。其具体规定如下。

（1）单件货物的体积不得小于 0.02 m³（单件重量在 10 kg 以上的除外）。

（2）每批不能超过 300 件。

（3）经发站确认不影响中转站和到站装卸作业的，每件重量超过 2 t，体积超过 3 m³，长度超过 9 m 的货物。

（4）经路局确定在管辖区办理的、未装容器的活动物。

（5）限按整车办理的危险货物，经铁路局承认或使用爆炸品保险箱包装的也可按零担办理。

3. 集装箱托运

符合集装箱托运条件的以贵重、易碎、怕湿货物为主的"适箱货物"，在铁路规定的集装箱办理站办理。集装箱托运的注意事项如下。

（1）每一批必须是同一吨位的集装箱，至少按一箱托运。

（2）使用托运人自备箱托运货物时，必须在货物单"发货人记载事项"栏内注明"托运人自备箱"字样。

（3）货物的重量不得超过集装箱容许装载的重量，即 1 吨箱限装 810 kg、5 吨箱限装 4 200 kg、6 吨箱限装 5 060 kg、10 吨箱限装 8 382 kg、20 英尺箱限装 17 920 kg。凡下列货物不得使用集装箱运输。

① 容易污染箱体的货物（托运人自备箱除外）。

② 易于损坏箱体的货物（托运人自备箱除外）。

③ 鲜活货物（经铁路局确定在一定时间内或区域内，可以使用集装箱运输的除外）。

④ 危险货物。

4. 货物包装和标记的规定

（1）货物包装的要求。托运货物应根据货物的性质、重量、运输种类、运输距离、气候差异以及货车装载等条件，使用符合运输要求、便于装卸作业和保证货物安全的包装。

货物包装有国家标准或部颁标准的，应按其要求进行包装。暂无国家标准或部颁标准的，应该在保证货物安全的前提下，与铁路有关部门协商确定，否则不能托运。

（2）货物标记（货签）是指为了建立货物与其运输票据之间的联系，而在托运零担货物时，在每件货物上书写、粘贴、拴挂或钉固的标记。标记的内容包括：运输号码、到站、收货人、货物名称、件数和发站。不适宜使用纸标记的应使用布质、木质、金属或塑料等较坚韧的材料制作或用油漆写在货件上。

托运人还应根据货物的性质，按国家标准，在货物包装上做好储运图示标记。货件上与该批货物无关的运输标记和包装标记必须清除。

五、铁路货运代理

从 2001 年开始，我国铁路货物运输代理业务与运输主业实行了企业分设、人员分开、财务分账的"三分开"工作，逐步迈入规范发展的道路。但目前铁路货运代理尚未完全与铁路货物运输部门脱离。由于目前铁路货运代理对运输主业的依赖性和相对垄断的现实，铁路货运代理收费标准并未实现市场化。

铁路货物托运人的托运操作，首先是对铁路货运代理的选择。选择铁路货运代理与选择海运货运代理相似，需要关注以下几个方面。

第一，要选择那些信誉度及知名度较高的铁路货运代理公司，这些公司往往和铁路货物运输部门关系密切，把铁路货运代理作为自己的"拳头产品"。

第二，铁路货运代理公司的资质、批准证书、注册资金和规模是必须考察的硬性条件。

第三，索取铁路货运公司的营业执照、税务登记证及其他相关的批准件的复印件，以确认该公司是否具有从事国内国际铁路货运代理的资质。

第四，亲自走访铁路货运代理公司，从规模、人员和办公设施等方面进行直观了解。

第五，了解该铁路货运代理的国内外网络，要确认该公司网络是可靠的，否则如货物灭失，尤其是大宗商品发生损失，让货运代理公司赔偿通常很困难。

任务实施

步骤一：认识铁路货物运输的优缺点、发运形式和货物类型

张轩认识到在我国这样一个幅员辽阔、人口众多、资源丰富的大国，铁路运输是综合交通运输网络中的支柱。先达货运公司为东北粮油公司从哈尔滨向广州运输 115 t 桶装成品食用油。该项货运业务工作，属长距离、大批量运输，特别适合铁路货运。

步骤二：清楚铁路承运人对货物托运和运输形式的限定

铁路作为直接承运人对货物托运和运输形式都有一定的限定条件。东北粮油公司托运的货物为桶装成品食用油，属于普通货物。按照铁路运输形式的要求，根据货物的实际托运量，此项货运采用"整车托运"形式为宜。

步骤三：知道铁路货运代理

铁路货运代理是铁路货物运输的代理。先达货运公司作为铁路货运代理，承担托运人东北粮油公司和承运人铁路货运之间的铁路货运相关代理业务。

应用训练

通达货运公司承担了一项货运业务：深圳巴莎化妆品公司有 7 000 箱纸箱装的沐浴液要运输到湖南长沙，规格是每箱重 20 kg，每箱 40 cm×30 cm×30 cm，运输时间规定为 10

天内，应采用哪种运输方式？为什么？

任务评价

任务评价表

项　目	内　容	结　果			
		非常好	较好	还不错	再加油
步骤一	认识铁路货物运输的优缺点、发运形式和货物类型				
步骤二	清楚铁路承运人对货物托运和运输形式的限定				
步骤三	知道铁路货运代理				
综合评价					
资料准备（3分）	知识掌握（5分）	语言表述（2分）		评价得分（10分）	

拓展提升

铁路驮背运输

驮背运输是一种公路和铁路联合的运输方式，货运汽车或集装箱车直接开上火车车皮进行运输，到达目的地再从车皮上开下。

铁路驮背运输装甲车如图 3-3 所示。

图 3-3　铁路驮背运输装甲车

该运输方式运用于铁路运输领域，在北美和欧洲已经十分普遍。

驮背运输在实际运作中主要有三种形式：拖车与挂车、挂车列车、铁公路。

1. 拖车与挂车

货物装在挂车里，用拖车运到火车站。在出发地火车站，挂车被运上火车的平板车厢，拖车与挂车分离，拖车开下火车。在目的地车站，再使用拖车将挂车从火车上开下并拖运到收货人的仓库。

2. 挂车列车

挂车列车是一种公路和铁路两用的挂车，这种公铁两用挂车在公路上用自己的轮子挂在公路拖车后面行驶，到达火车站时，将其在公路上行驶时使用的轮子收起来，换上火车轮架，就可以直接在铁轨上行驶。到达目的地后，又可以还原成公路运输工具，用公路拖车将其运到客户的仓库。

3. 铁公路

所谓铁公路就是自己有动力，能够行驶和自动装货的火车车厢，它不需要机车、吊车和转辙装置，而是自带一套独特的装货设备。由于铁公路的出现，铁路公司已能直接进行"门到门"运输，而不必依赖于汽车。在合理运距以内，铁公路系统比公路系统更优越，因为它不但可靠，而且费用低。

任务二　铁路货物运输业务运作

任务目标

1. 掌握铁路货运流程
2. 填制铁路货物运单

任务描述

铁路货物运输需要根据铁路的货运情况，按照实际业务要求实施货运作业。

先达货运公司确定了采用铁路运输的方式，由张轩负责完成东北粮油公司的115 t成品食用油的托运业务。

经洽谈，先达货运公司代理东北粮油公司与哈尔滨滨江铁路货运站办理115 t成品包装食用油的运输业务，要求保价8 000元/t。收货人为广州粮油贸易公司，地址：广州市东湖路××号，联系电话：020-×××××××××。东北粮油公司地址：哈尔滨市花园街××号，联系电话：0451-××××××××。

任务准备

一、铁路货运流程

铁路货物运输的一般作业流程如下：

运输计划的编制→托运→装车→运送→货物到达、接收。

（一）运输计划的编制

1. 运输计划的种类

货物运输计划是铁路关于货物运输有关事宜的安排，是托运人与承运人之间关于货物运输的合同。其有以下几种。

（1）按其编制期限，运输计划可分为长远计划、年度计划和月度计划。

（2）按其运输方式，运输计划可分为整车运输计划、零担运输计划和集装箱运输计划三种。

（3）按货运日常工作组织要求，运输计划可分为月度计划、日计划。

2. 月度计划编制

（1）为便于车站及时将相关信息输入计算机，货主应在每月 11 日前将整车货物运输服务订单递交铁路站、段联网点，已与铁路计算机联网的货主应于每月 14 日前将数字报送铁路分局。

（2）铁路分局应于每月 23 日前将月度计划反馈到各联网点。

3. 日计划审批

铁路货物运输日计划是对当月货物运输计划的补充。托运人申请日计划，要填写整车货物运输服务订单（一式两份），并提交给车站。对于非限制口计划，货主直接在各联网站上机，由计算机及时审批。对于限制口计划和根据运输能力、运输政策限制的计划，由铁路局下达计划，铁路分局通过计算机控制审批。对于日计划，铁路分局随时上机及时审批，并于每月底提前 3 天审批次月的日计划。

4. 整车、零担、集装箱运输计划提报

（1）凡经铁路运输的整车货物运输计划由托运人提报。托运人应填写货物运输服务订单（一式两份），每张表格填写一个发站、一种品类和到达同一铁路局的车站的货物。与铁路联网的托运人，可不填订单，通过网络直接向铁路分局提报。

（2）运输零担货物时，托运人可随时向发站提出运输服务订单，车站及时受理并签约。

（3）运输集装箱货物时，托运人到铁路集装箱办理站办理，签订运输服务订单，申报计划，集装箱运输计划随报、随批、随运。

5. 日要车（请求车）计划的依据

已批准的月度货物运输计划和托运人提出的货物运单，是日要车计划的依据。在站内装车的货物，原则上必须全部拉进货位后方可提出日要车计划。但经托运人和车站双方确认，在当日 18 时前可全部进站的货物及在装车前可全部进站的鲜活货物亦可提出日要车计划。

在专用线内装车的货物，属于连续性生产的，应以前日实际生产外运量为基础，参考可能装车的存量，预计当日生产及装车机器、劳力变化等因素，托运人与铁路双方洽商提出日要车计划。

6. 变更计划怎样提报

托运人申请办理变更计划，应填写变更计划表一式三份，只允许变更到站、收货人和同一品类货物的品名，新到站必须与原到达局及原到站顺路。

变更计划只允许变更一次，日常运输计划及铁道部下达的重点计划、归口管理的物资不得变更，非归口管理的物资不得变更为归口管理的物资。

（二）货物发送程序

（1）填写铁路货物运输服务订单、货物运单后加盖发货单位公章。

（2）在核算室预算运费后交付运费，收款人在运单上盖章。

（3）到计划室审核运单，并由车站盖章受理。

（4）将运单按计划室通知的进站装车地点，交相应货区货运员。

（5）通知货区货运员货物进站装车时间。

（6）装车后到核算室，结清费用，领取领货凭证和货票（报销联）。

（三）托运和承运程序

（1）清楚所要托运的货物有无限制。

（2）申报计划。申报计划有两种形式，一是月计划，二是日常计划。

（3）进货。在计划得到批准后，可向车站提出进货要求并申请货位进货。

（4）申报请求车。在货物准备齐后，按批准的月计划和日常计划，每个车皮要提交一份填写好的货物运单，申报日请求车。

（5）装车。空车皮送到装车地点后，车站即应迅速组织装车。由托运人组织装车的，托运人也应及时组织，保证快速、安全装好车。

（6）运送。车辆装好以后，铁路运输部门及时联系挂车，使货物尽快运抵到站。

（四）货物接收程序

（1）收货人出具领货凭证和有关证明文件。收货人为个人的，需出具领货凭证和本人身份证；收货人为单位的，需出具领货凭证、领货人与收货人关系的证明文件及领货人本人身份证；不能出具"领货凭证"的，可凭由车站同意的、有经济担保能力的企业出具担保书取货。

（2）缴付铁路运费、运杂费、装卸费等费用，取回货物运单及到达货物作业单。

（3）根据到达货物作业单指明的货位交付处办理货物交付手续。

（4）凭出站放行条将货物提出车站。

二、铁路货物运单

（一）铁路货物运单的概念

运单是托运人和承运人为运输货物签订的一种运输合同（或运输合同的组成部分）。铁路货物运单是由铁路运输承运人签发的货运单据，是收、发货人同铁路之间的运输契约。

（二）铁路货物运单的作用

（1）确认运输过程中各方的权利、义务与责任。

（2）是运货的申请书。

（3）是承运人承运货物、核收运费、签制货票、编制记录的依据。

（三）铁路货物运单的种类

（1）普通铁路货物运单。

（2）快运铁路货物运单。

（四）铁路货物运单的组成及传递

铁路货物运单由货物运单和领货凭证两部分组成。

货物运单和领货凭证的传递过程分别如下：

货物运单：托运人→发站→到站→收货人。

领货凭证：托运人→发站→托运人→收货人→到站。

（五）铁路货物运单的格式

铁路货物运单样本如表 3-1 所示。

表 3-1　铁路货物运单样本

×× **铁路局货物运单**						**领货凭证**	
货物指定于　　月　　日　　搬入 货位： 计划号码或运输号码： 运到期限　　日　　　托运人→发站→到站→收货人　　货票第　　号						车种及车号： 货票第　　号 运到期限　　日	
托运人填写			承运人填写			发站	
发站		到站 （局）		车种 车号		货车 标重	到站	
到站所属省（市）自 治区			施封 号码			托运人	

续表

托运人	名称			经由	铁路篷布号码		收货人		
	住址		电话				货物名称	件数	重量
收货人	名称			运输里程	集装箱号码				
	住址		电话						
货物名称	件数	包装	货物价格（元）	托运人确定重量（kg）	承运人确定重量（kg）	计费重量	运价号	运价率	运费
合计									托运人盖章或签章
托运人记载事项				承运人记载事项					发站承运日期戳
注：本单不作为收款凭证；托运人签约须知见背面	托运人盖章或签字			到站交付 年　月　日　日期戳	发站承运日期戳				注：收货人领货须知见背面

领货凭证、货物运单（背面）

领货凭证（背面）

货物运单（背面）

收货人领货须知：	托运人须知：
1. 收货人接到托运人寄交的领货凭证后，应及时向到站联系领取货物。	1. 托运人持本货物运单向铁路托运货物，证明并确认和愿意遵守铁路货物运输的有关规定。
2. 收货人领取货物已超过免费暂存期限时，应按规定支付货物暂存费。	2. 货物运单所记载的货物名称、重量与货物的实际完全相符，托运人对其真实性负责。
3. 收货人在到站领取货物，如遇货物未到时，应要求到站在本证背面加盖车站戳证明货物未到。	3. 货物的内容、品质和价值是托运人提供的，承运人在接收和承运货物时并未全部核对。
	4. 托运人应及时将领货凭证寄交收货人，凭以联系到站领取货物。

任务实施

步骤一：掌握铁路货运流程

先达货运公司张轩根据东北粮油公司的货运情况，申请棚车两节，为货主申请铁路货物运输日计划，填写整车货物运输服务订单（一式两份），并提交给车站；按铁路批准的铁路货物运输日计划，填写货物运单，申报日要车计划；协助货主组织装车；传递寄送领货凭证，以便在铁路货运部门将货物运抵广州后，收货人凭领货凭证领取货物。

步骤二：填制铁路货物运单

张轩根据货运情况（详见任务描述），填制铁路货物运单（表3-2）。

表 3-2　铁路货物运单

×× 铁路局货物运单												领货凭证		
货物指定于　　月　　日　　搬入 货位： 计划号码或运输号码： 运到期限　　　日　　　托运人→发站→到站→收货人　　　货票第　　号												车种及车号： 货票第　　号 运到期限　　日		
托运人填写				承运人填写								发站		
发站	哈尔滨站	到站（局）	广州站	车种 车号				货车 标重				到站		
到站所属省（市）自治区				施封 号码								托运人		
托运人	名称	东北粮油公司		经由		铁路篷布号码						收货人		
	住址	哈尔滨市 花园街 ×× 号	电话	0451- ×××× ××××								货物 名称	件数	重量
收货人	名称	广州粮油贸易公司		运输 里程		集装箱 号码								
	住址	广州市 东湖路 ×× 号	电话	020- ×××× ××××										
货物 名称	件数	包装	货物 价格 （元）	托运人确 定重量 （kg）	承运人 确定重 量（kg）	计费 重量	运价号	运价率	运费					
食用油	1 000	纸箱	920 000	115 000								托运人盖章或 签章		
合计	1 000		920 000	115 000										

续表

托运人记载事项		保价运输		承运人记载事项			发站承运日期戳
注：本单不作为收款凭证；托运人签约须知见背面		托运人盖章或签字　　　到站交付　　年　月　日			发站承运日期戳　　日期戳		注：收货人领货须知见背面

领货凭证、货物运单（背面）

领货凭证（背面）	货物运单（背面）
收货人领货须知： 1. 收货人接到托运人寄交的领货凭证后，应及时向到站联系领取货物。 2. 收货人领取货物已超过免费暂存期限时，应按规定支付货物暂存费。 3. 收货人在到站领取货物，如遇货物未到时，应要求到站在本证背面加盖车站戳证明货物未到。	托运人须知： 1. 托运人持本货物运单向铁路托运货物，证明并确认和愿意遵守铁路货物运输的有关规定。 2. 货物运单所记载的货物名称、重量与货物的实际完全相符，托运人对其真实性负责。 3. 货物的内容、品质和价值是托运人提供的，承运人在接收和承运货物时并未全部核对。 4. 托运人应及时将领货凭证寄交收货人，凭以联系到站领取货物。

应用训练

2021 年 3 月 11 日，中铁快运上海火车站营运部接收到客户的铁路货运要求，要求将一批联想计算机运送到芜湖的销售点，中铁提供铁路货运阶段的客运工作，请根据下列信息填制铁路货物运单：

1. 托运人信息

联想集团上海有限公司，地址：上海市普陀区金沙江路 ×× 号，邮编 200122，电话：021-×××××××，联系人李明。

2. 承运人信息

中铁快运上海火车站营运部，地址：上海市闸北区秣陵路 ××× 号，联系人李强。

3. 收货人信息

芜湖市晓辉电子设备有限公司，地址：芜湖市北京西路 ××× 号，邮编 241021，电话 0553-×××××××，联系人周峰。

4. 托运物品

联想计算机，纸箱包装，200 件，重 1 t，货物价值 800 000 元。

根据中铁快运的运营标准，各项运输费率为：基础运费价率8元/（t·km），装卸费300元/t，保价费为货物价值的0.5%，上海到芜湖的铁路运营距离为430 km，上海站始发，经由南京站，到达芜湖站，集装箱号码HC25461，施封编号F0122，运输编号为YS23561，预计到货日期为2021年3月16日，铁路运营部安排棚车装货运输，其编号为110027，棚车标重70 t，运价号为10015。

任务评价

任务评价表

项　　目	内　　容	结　　果			
		非常好	较好	还不错	再加油
步骤一	掌握铁路货运流程				
步骤二	填制铁路货物运单				
综合评价					
知识掌握（3分）	内容完整（5分）		操作正确（2分）	评价得分（10分）	

拓展提升

铁路发展，助推"一带一路"

2013年，习近平主席首次提出"一带一路"倡议，此后，"一带一路"给我国经济贸易带来了空前的发展。"要想富，先修路"，在"一带一路"建设中铁路的发展起了尤为重要的作用。截至2018年6月底，中欧班列累计开行数量突破9 000列，运送货物近80万标准箱，国内开行城市48个，到达欧洲14个国家42个城市。我国铁路可以与以下国家办理国际联运：蒙古、越南、朝鲜、俄罗斯、哈萨克斯坦、乌兹别克斯坦、吉尔吉斯斯坦、塔吉克斯坦、土库曼斯坦、白俄罗斯、乌克兰、立陶宛、波兰、德国、法国、比利时、西班牙、捷克、斯洛伐克、拉脱维亚、爱沙尼亚、格鲁吉亚、匈牙利、阿塞拜疆、阿富汗、伊朗等亚欧大陆国家。

为全面释放"一带一路"经济带物流通道的潜能，中国国家铁路集团有限公司分通道全力打造"快捷准时、安全稳定、绿色环保"的中欧、中亚班列。以其运距短、速度快、安全性高的特征，以及安全快捷、绿色环保、受自然环境影响小的优势，已经成为国际物流中陆路运输的骨干方式。我国铁路的高速发展，为"一带一路"促进经济贸易发展和物流产业发展带来了新的契机，推动了我国对外贸易经济与物流业的快速增长。

任务三　铁路货物运输费用计算

任务目标

1. 认识铁路货物运费的含义、种类
2. 计算铁路运费

任务描述

铁路运输货物要按照国家规定的运输价格收取运输费用。《铁路货物运价规则》（以下简称《价规》）是计算铁路货物运输费用的依据，是承运人和托运人、收货人必须遵守的规定。

哈尔滨滨江铁路货运站工作人员根据先达货运公司代东北粮油公司托运的 115 t 成品包装食用油，进行运费计收。同时，先达货运公司张轩还有一笔业务，代理哈尔滨机电公司发运一批电缆到天津，货品信息：BV 电缆，数量 27 件，托运人确认重量 1 350 kg，价值 10 000 元，同样需要计算运费。

任务准备

一、铁路货运运费的含义、种类

（一）铁路货运运费的含义

铁路货运运费（即铁路货物运输费用）是对铁路运输企业所提供的各项生产服务消耗的补偿，包括车站费用、运行费用、服务费用和额外占用铁路设备的费用等。

（二）铁路货运运费的种类

铁路货运运费按运输类型可分为三种：整车货物运费计算、零担货物运费计算和集装箱货物运费计算。

二、铁路运费计算

（一）铁路运费的计算方法

（1）计算铁路货运运费的基本依据是《价规》。

（2）查出发站至到站的运输里程。

（3）从铁路货物运输品名分类与代码表（《价规》附件一）和铁路货物运输品名检查表（《价规》附件三）中查出该品名的适用运价号。

（4）按适用的货物运价号，依表 3-3 计算出货物单位重量（整车为吨，零担为千克，集装箱为箱）的运费。

表 3-3 铁路货物运价率表

办理类别	货价号	基价1		基价2	
		单位	标准	单位	标准
整车	1	—	—	元/轴公里	0.525
	2	元/t	9.5	元/(t·km)	0.086
	3	元/t	12.8	元/(t·km)	0.091
	4	元/t	16.3	元/(t·km)	0.098
	5	元/t	18.6	元/(t·km)	0.103
	6	元/t	26	元/(t·km)	0.138
	机械冷藏车	元/t	20	元/(t·km)	0.14
零担	21	元/10 kg	0.22	元/(10 kg·km)	0.001 11
	22	元/10 kg	0.28	元/(10 kg·km)	0.001 55
集装箱	20英尺箱	元/箱	500	元/箱公里	2.025
	40英尺箱	元/箱	680	元/箱公里	2.754

整车运价率依据：发改价格〔2017〕2163号文件。

零担、集装箱运价率依据：发改价格〔2015〕183号文件。

（5）货物单位重量的运费计算办法如下。

整车货物每吨运价 = 基价1 + 基价2× 运价公里

零担货物每10 kg 运价 = 基价1+ 基价2× 运价公里

集装箱货物每箱运价 = 基价1+ 基价2× 运价公里

（6）货物计费重量的确定。整车货物计费重量以吨为单位，吨以下四舍五入；零担货物以10kg为单位，不足10kg进为10kg；集装箱货物以箱为单位。每项运费的尾数不足1角时，按四舍五入处理。每项杂费不满1个计算单位，均按1个计算单位计算。零担货物的起码运费每批为2元。

（7）货物的运输费用。单位重量运费与货物总重量相乘，即为该批货物的运费。

（二）杂费的计算

杂费按《价规》的规定核收，主要有以下几项。

1. 铁路建设基金

用规定的计费重量与运价里程与规定的铁路建设基金费率相乘，可以计算出铁路建设基金。整车化肥、黄磷免征铁路建设基金。铁路建设基金的计算公式如下：

铁路建设基金 = 费率 × 计费重量（箱数或轴数）× 运价里程

2. 新路新价均摊运费

新路新价均摊运费的计算公式如下：

新路新价均摊运费 ＝ 均摊运价率 × 计费重量（箱数或轴数）× 运价里程

3. 电气化附加费

如果货物通过电气化铁路区段，则用通过的铁路电气化区段的里程与规定的计费重量和电气化附加费率相乘，计算出电气化附加费。电气化附加费的计算公式如下：

电气化附加费 ＝ 费率 × 计费重量（箱数或轴数）× 电气化里程

4. 其他各项杂费

按规定项目和标准计算其他各项杂费，包括长大货车使用费、车辆设备使用费、集装箱使用费、装卸作业使用费、延期使用设备费、换装费等。

将铁路运费与上述杂费相加，得出货物铁路运杂费总额的计算公式为：

铁路运杂费总额 ＝ 铁路运费 + 各项杂费

任务实施

步骤一：认识铁路货运运费的含义、种类

铁路货运运费应按运输类型确定。先达货运公司托运的成品包装食用油为整车业务，BV 电缆为零担业务。

步骤二：计算铁路运费

第一步，根据《价规》中的附件一和附件三确定成品包装食用油，对应的整车运价号为5 号；BV 电缆对应的零担运价号为 22 号。

第二步，确定运输里程。

根据货物流向查找《价规》中的附件四确定运输里程。

哈尔滨—广州运输里程为 2 928 km，哈尔滨—天津运输里程为 1 354 km。

第三步，确定计费重量。

115 t 成品包装食用油需用两节载重吨位为 60 t 的棚车装载，其计费重量为 120 t。BV 电缆为零担货物，电缆属于重货，按实际重量计费，计费重量为 1 350 kg。

第四步，计算运杂费（这里只计算基本运费和保价费）。

成品包装食用油基本运费 ＝（基价 1 + 基价 2 × 运输里程）× 计费重量

$$= (18.60 + 0.103 \times 2\,928) \times 120$$

$$= 38\,422.08（元）$$

查货物保价费率表，得知食用油适用的保价费率为 2‰。

成品包装食用油保价费 ＝ 声明的货物实际价格 × 适用的货物保价率

$$= 920\,000 \times 2‰$$

$$=1\,840（元）$$

成品包装食用油运杂费总额 = 基本运费 + 保价费

$$=38\,422.08+1\,840=40\,262.08（元）$$

BV 电缆基本运费 =（基价1+ 基价2× 运输里程）× 计费重量

$$=（0.280+0.001\,55×1\,354）×（1\,350÷10）$$

$$≈321.12（元）$$

查货物保价费率表，得知电缆适用的保价费率为 6‰。

BV 电缆保价费 = 声明的货物实际价格 × 适用的货物保价率

$$=10\,000×6‰$$

$$=60（元）$$

BV 电缆运杂费总额 = 基本运费 + 保价费 =321.12+60=381.12（元）

应用训练

2020 年 11 月 11 日，中铁快运上海火车站营运部接收到客户的铁路货运要求，要求将一批联想计算机运输到芜湖的销售点，中铁提供铁路货运阶段的客运工作。

托运物品：联想计算机，纸箱包装，200 件，重 1t，货物价值 800 000 元。

根据中铁快运的运营标准，运输费率为：基础运费价率 8 元 /（t·km），装卸费 300 元/t，保价费为货物价值的 0.5%，上海到芜湖的铁路运营距离为 430 km。

请计算这批货物铁路运输的运杂费总额。

任务评价

任务评价表

项　目	内　容	结　果			
		非常好	较好	还不错	再加油
步骤一	认识铁路货运运费的含义、种类				
步骤二	计算铁路运费				
综合评价					
知识掌握（3 分）	内容完整（2 分）	计算正确（5 分）		评价得分（10 分）	

铁路货物保价运输

《中华人民共和国铁路法》规定，铁路实行限额赔偿和保价运输。限额赔偿即行包、货物在运输过程中发生损失，由铁路运输企业在铁路主管部门规定的限额内进行赔偿。如托运人在托运时声明了行包、货物的实际价格，办理了保价运输，则铁路运输企业应在声明的价格内，按实际损失进行赔偿。

1. 保价运输办理条件

保价运输贯彻自愿原则，是否办理由托运人自主决定。托运人办理保价运输时，须在货物运单"托运人记载事项"栏内注明"保价运输"字样，在"货物价格"栏内注明全批货物的实际价格。在交纳运输费用的同时，交纳货物保价费。必须全批保价，不能只保一批货物中的一部分。

保价率不同的货物作为一批货物托运时，在货物运单上须分别填写货物品名和实际价格，保价费分别计算。

保价率不同的货物合并填写时，适用其中最高的保价费率。

必须足额保价，只有足额保价才能得到足额赔偿。

2. 保价费率

货物保价费率如表3-4所示。

表3-4 货物保价费率

保价费率	货物品类
1‰	煤、焦炭、金属矿石（放射性矿石除外）、生铁、非金属矿石[云母、石墨、石棉、金刚石（砂）、刚玉、油石除外]、磷矿石、土、沙、石、石灰、泥土、色土、石料、水泥制品、煤矸石、灰渣、矿渣、炉渣、水渣、原木、木材（人造板材、装饰加工板除外）、锯材、板材、方材、枕木、木片、盐、金属制品、金属结构及其构件、钢丝、铁丝、金属紧固件、农业机具（养蜂器具及农业机械零配件除外）、农副产品（干花朵、花瓣、竹、藤、棕、草、芦苇、树条等类似材料制品除外）、纸浆、课本、家具、日用杂品、衣箱、冰、水、动植物、残余物、饲料、特定集装化运输工具
2‰	钢锭、钢坯、钢材等及其制品，铁合金、云母、石墨、石棉、金刚石（砂）、刚玉、油石、其他水泥制品、耐火、耐酸、砖管、陶管、缸管、石棉制品、油毡、人造板材、粮食、化学肥料、铸铁管、瓦楞铁、金属衔头、弯头、拆解的运输工具、工业机械、农业机械零配件、竹藤、棕草等类似材料制品、其他木材加工的副产品、油料、烟草、植物种子、实用植物油、其他材料制的衣箱、家具、动物油脂、油渣

续表

保价费率	货物品类
3‰	原油、放射性矿石、有色金属粉、石油套管、油管、其他有色金属、石制品、玻璃纤维及其制品、建筑陶瓷、耐火制品、耐酸制品、玻璃砖、瓦、棉花、化学农药、化工品（爆炸品、放射性物品、压缩气体和液化气体除外）、硫酸、盐酸、硝酸、树脂、塑料及其制品、油漆、涂料、颜料、燃料、金属制品、医疗器械、组成的各种运输工具、仪器、仪表元器件、衡器、量具、通信广播电视设备、洗衣机、其他日用电器、其他农业机具、养蜂器具、蚕、蚕子、蚕茧、干花朵、花瓣、糖料、食品、酱腌菜、调味品及其他食品、其他饮料、其他烟草制品、纺织品、皮革、毛皮及其制品、纸及纸制品、医药品、搬家货物、行李、其他陶瓷制品及日用杂品、蒸馏水、鬃、马尾、茧壳、茧蛹、蚕沙
4‰	汽油、煤油、柴油、重油、润滑油、润滑脂、有色金属及其合金、半导体材料、水泥、仪器仪表、量具、钟表、定时器、食糖、干蔬菜、酒、卷烟、磁带、软磁带、唱片、暖水瓶、保温瓶（胆）、陶瓷制的缸、钵、坛、瓦、盆、缸等、工艺品、展览品
6‰	爆炸品、放射性物品、压缩气体和液化气体、乐器、特定音像机器、特定调温电器、电子计算机及其外部设备、其他电子（电气）机械及器材、活禽、鲜冻肉及其部分产品、鲜冻水产品、其他鲜活货物（除盆景盆花外）、干果、子实、子仁、果核、肉、蛋、奶制品、水产加工品、乐器、玻璃器皿及其他玻璃制品
10‰	活动物（蜜蜂除外）、鲜瓜果、盆景、盆花
15‰	玻璃、蜜蜂

（1）保价费率分为五个基本级、两个特定级。一级为 1‰，二级为 2‰，三级为 3‰，四级为 4‰，五级为 6‰，特六级为 10‰，特七级为 15‰。

（2）集装箱装运的货物及本表所列品名以外的货物，均按 3‰ 计算保价费。

（3）冷藏车装运的需要制冷的货物，按该货物保价费率的 50% 计费。

（4）超限货物均按该货物的保价费加收 50% 计费。

专项法规拓展

1.《铁路货物运输规程》（铁运〔1991〕40 号）

2.《铁路危险货物运输管理规则》（铁总运〔2017〕164 号）

3.《铁路货物运输管理规则》（铁运〔2000〕90 号）

4.《铁路鲜活货物运输规则》（铁运〔2018〕180 号 TG/HY104-2018）

5.《铁路货物运价规则》（铁运〔2005〕46 号）

建议：可上网查询细则，应用学习。

项目四　航空货物运输

任务一　理解航空货物运输

任务目标

1. 认识航空货物运输的含义、种类、方式和特点
2. 知道航空货物运输管理部门
3. 了解航空货运代理

任务描述

航空货运以其快速、准确、安全、便利的服务特色成为越来越多经营人的选择。近年来，航空货运在货物运输方式中扮演着非常重要的角色。认识和了解航空业务显得尤为重要。

2021年1月，王南加入郑州宏昌有限公司做业务员。上班不到一周，王南就接到广州客户ABC进出口公司电话，该公司急需一批价值34万元的计算机配件。由于客户着急要货，王南立即请示业务经理郑明，郑明决定紧急安排将一批计算机配件从新郑国际机场运往广州白云机场。王南随即与广州ABC进出口公司签订购货合同，着手安排货物运输。

作为业务员的王南，不但要向客户介绍公司的产品，更要向客户说明货物运输情况，让客户放心。王南决心深入了解航空运输业务，随时告知客户货物跟踪情况，争取与客户建立起长期合作关系。郑经理向王南推荐了郑州鼎新货运代理公司，王南随即联系了该公司业务员李阳，对于王南办理货物代理业务的疑问，李阳耐心地做了回答。

任务准备

一、航空货物运输的含义、种类、方式和特点

（一）航空货物运输的含义

航空货物运输是指以飞机为主要运输工具，承运除了旅客之外的符合国家法律法规的所

有物品。随着现代化技术的发展、飞机性能的提高以及对货物时效性、安全性要求的不断加强，航空运输的发展十分迅速，逐渐成为运输业务中的一种重要运输方式。

（二）航空货物运输的种类

航空货物运输分为国内航空货物运输和国际航空货物运输。国内航空货物运输是指根据当事人订立的航空货物运输合同，运输的出发地点、约定的经停地点和目的地均在国境内的航空货物运输。国际航空货物运输是指无论运输有无间断或者有无转运，运输的出发地点、约定的经停地点和目的地之一不在国境内的运输。国际航空货物运输要根据当事人订立的航空货物运输合同执行。

（三）航空货物运输的方式

航空货物运输的方式主要有班机运输、包机运输、集中托运、航空快递等。

1. 班机运输

班机运输指具有固定开航时间、航线和停靠航站的飞机运输。通常，班机运输的机型为客货混合型飞机，货舱容量较小，运价较贵。由于航期固定，有利于运送生鲜品或急需商品。很多大型航空公司固定在一些航线上开辟定期的货运航班，使用全货机运输。班机运输如图 4-1 所示。

图 4-1　班机运输

2. 包机运输

包机运输是指航空公司按照约定的条件和费用，将整架飞机租给一个或若干个包机人，从一个或几个航空站装运货物至指定目的地。这里的包机人指发货人或航空货运代理公司。包机运输适合大批货物的紧急运输，费用低于班机运输，但运送时间比班机运输长些。

包机运输方式可分为整架包机和部分包机两种形式。

（1）整架包机：包租整架飞机，指航空公司按照与租机人事先约定的条件及费用，将整架飞机租给包机人。

（2）部分包机：由几家航空货运公司或发货人联合包租一架飞机或者由航空公司把一架

飞机的舱位分别卖给几家航空货运公司装载货物。

3. 集中托运

集中托运可以采用班机运输或包机运输方式，是指航空货运代理公司将若干批单独发运的货物集中成一批向航空公司办理托运，填写一份总运单送至同一目的地，然后由其委托当地的代理人负责分发给各个实际收货人。这种托运方式，可降低运费，是航空货运代理的主要业务之一。

4. 航空快递

航空快递是指航空快递企业利用航空运输，收取收件人托运的快件并按照向发件人承诺的时间将其送交指定地点或者收件人的"门对门"速递服务。

（四）航空货物运输的特点

航空货物运输是最快捷的货物运输途径，安全准确，可简化包装，节省包装费用。尽管航空货物运输费用一般较高，但空运计算运费的起点比海运低，所以小件货物、鲜活商品、季节性商品和贵重商品适宜采用航空运输。另外，航空货物运输的机动性能优越，几乎可以飞越各种天然障碍，抵达其他货物运输方式难以到达的地方。但是，因飞机机舱大小限制，航空货物运输载重量小，且运输成本高。此外，航空货物运输还是实现多式联运的一种重要的运输方式。

二、航空运输管理部门

（一）中国民用航空局

中国民用航空局（Civil Aviation Administration of China, CAAC）归交通运输部管理，其前身为中国民用航空总局，于2008年3月改为中国民用航空局。

（二）国际民用航空组织

国际民用航空组织（International Civil Aviation Organization, ICAO）是由各国政府参与的国际航空运输机构，是联合国下属的专门机构。该组织根据《国际民用航空公约》于1947年4月4日成立，总部设在加拿大蒙特利尔，常设机构是理事会。我国于1974年2月15日正式加入该组织，是理事国之一。

国际民用航空组织负责制订国际航空运输的技术、标准及法规等，其宗旨是发展国际航行的规则和技术，促进国际航空运输的规划和发展。

（三）国际航空运输协会

国际航空运输协会（International Air Transport Association,

IATA）与国际民用航空组织不同，它不是官方组织，而是各国航空运输企业自愿联合成立的非官方国际组织，在世界航空运输中起着重要作用。IATA 成立于 1945 年，总部设在加拿大蒙特利尔，执行总部设在瑞士日内瓦，同时在日内瓦设有清算所，为各会员公司统一进行财务结算。

IATA 的宗旨是"为了世界人民的利益，促进安全、正常且经济的航空运输"，"为直接或间接从事国际航空运输工作的各空运企业提供合作的途径"，"与国际民航组织以及其他国际组织通力合作"。

三、航空货运代理

（一）航空货运代理的当事人

航空货运代理涉及的当事人主要有发货人、收货人、航空公司和航空货运代理公司。

航空公司又称承运人，拥有飞机，承办航空货物运输业务。

航空货运代理公司即航空货运代理（简称空代）。

在航空货物运输中，航空公司通常只负责将货物从一个机场运至另一机场。而货物在始发机场交给航空公司之前的揽货、接货、报关、订舱，以及在目的地从航空公司手中接货、报关、交付或送货上门等方面的业务，则由航空货运代理公司办理。

（二）航空货运代理的作用

采用航空运输方式进出口货物，需要办理一定的手续，如出口货物在始发机场交给航空公司之前的销售、订舱、接货、制单、报检、报关和交运等；进口货物在目的地机场从航空公司接货、接单、报关、报检、送货或转运等。这类业务航空公司一般不负责办理，因而需要专业承办此类业务的航空货运代理提供服务。

航空货运业务可通过航空货运代理公司办理，也可由收、发货人直接向航空公司办理，但后者非常少见。航空货运代理公司可以是货主的代理，负责办理航空货物运输的订舱，以及在始发机场和到达机场的交、接货与进口报关等事宜，也可以是航空公司的代理，办理接货并以航空承运人的身份签发航空运单，对运输全程负责，还可两者兼而有之。

航空货运代理之所以能够产生并迅速发展起来，是因为至今航空公司的服务基本没有走出机场。托运人需要紧急运输货物，但对空运业务的流程并不一定十分了解，因此航空货运代理公司的服务能够为委托人和承运人双方都带来方便和好处。

航空货运代理公司大都对运输环节和相关章程制度十分熟悉，并与民航、海关、商检和交通运输部门有着广泛的联系，具备代办运输手续的条件。同时，航空货运代理公司在世界各地都设有分公司或合作方，因此能及时跟踪、控制货物运输的全过程。委托人可以通过航空货运代理查询航班班期，因此委托航空货运代理办理进出口货物运输比委托人直接向航空公司办理委托更为便利。

任务实施

步骤一：认识航空货物运输的含义、种类、方式和特点

经过郑州鼎新货运代理公司李阳的介绍，王南对航空运输的含义、种类、方式和特点有了一定认识，加深了对航空运输的理解。他理解公司之所以不惜成本选择空运，是因为客户急需货品，尽管运费昂贵，但能满足客户需要，还是值得的。

步骤二：知道航空运输管理部门

为了快速交货，王南决定立即备货，准备装运，李阳详细地向王南介绍了航空运输管理部门，以便后续工作。

航空运输管理部门作为航空运输的有力支持和保障，作用是非常巨大的。特别是国际航空运输，通过相关航空组织可以得到网络通信、平台搭建、系统使用、运输事务等各方面的支持。

步骤三：了解航空货运代理

李阳向王南介绍了航空货运代理的作用和航空货运代理在航空运输中的角色。进出口货物航空运输业务通常要找空运代理办理。公司可以委托航空货运代理公司代办空运业务。王南选择委托郑州鼎新货运代理公司办理航空货运业务，减少了很多中间环节工作，十分便利。

应用训练

2021年1月10日上午9点，宇宏外贸公司接到上海客户订单，预购汽车配件100箱。业务员李维接到订单后，立即备货。上午10点，客户又联系李维，声称急需该货品，请李维设法紧急空运至上海。李维对航空运输并不熟悉，假如你是航空货运代理公司的业务员，请制作PPT向李维讲解航空运输相关知识。

任务评价

任务评价表

项 目	内 容	结 果			
		非常好	较好	还不错	再加油
步骤一	认识航空货物运输的含义、种类、方式和特点				
步骤二	知道航空运输管理部门				
步骤三	了解航空货运代理				
综合评价					

项　目	内　容	结　果			
		非常好	较好	还不错	再加油
资料准备（3分）	知识掌握（5分）	语言表述（2分）		评价得分（10分）	

拓展提升

中国民用航空局的主要职责

（1）研究并提出民航事业发展的方针、政策和战略；拟订民航法律、法规草案，经立法机构批准后监督执行；推进和指导民航行业体制改革和企业改革工作。

（2）编制民航行业中长期发展规划；对行业实施宏观管理；负责全行业综合统计和信息化工作。

（3）制定保障民用航空安全的方针政策和规章制度，监督管理民航行业的飞行安全和地面安全；制定航空器飞行事故和事故征候标准，按规定调查处理航空器飞行事故。

（4）制定民用航空飞行标准及管理规章制度，对民用航空器运营人实施运行合格审定和持续监督检查，负责民用航空飞行人员、飞行签派人员的资格管理；审批机场飞行程序和运行最低标准；管理民用航空卫生工作。

（5）制定民用航空器适航管理标准和规章制度，负责民用航空器型号合格审定、生产许可审定、适航审查、国籍登记、维修许可审定和维修人员资格管理并持续监督检查。

（6）制定民用航空空中交通管理标准和规章制度，编制民用航空空域规划，负责民航航路的建设和管理，对民用航空器实施空中交通管理，负责空中交通管制人员的资格管理；管理民航导航通信、航行情报和航空气象工作。

（7）制定民用机场建设和安全运行标准及规章制度，监督管理机场建设和安全运行；审批机场总体规划，对民用机场实行使用许可管理；实施对民用机场飞行区适用性、环境保护和土地使用的行业管理。

（8）制定民航安全保卫管理标准和规章，管理民航空防安全；监督、检查防范和处置劫机、炸机预案，指导和处理非法干扰民航安全的重大事件；管理和指导机场安检、治安及消防救援工作。

（9）制定航空运输、通用航空政策和规章制度，管理航空运输和通用航空市场；对民航企业实行经营许可管理；组织协调重要运输任务。

（10）研究并提出民航行业价格政策及经济调节办法，监测民航行业经济效益，管理有关预算资金；审核、报批企业购买和租赁民用飞机的申请；研究并提出民航行业劳动工资政策，管理和指导直属单位劳动工资工作。

（11）领导民航地区、自治区、直辖市管理局和管理民航直属院校等事业单位；按规定范围管理干部；组织和指导培训教育工作。

（12）代表国家处理涉外民航事务，负责对外航空谈判、签约并监督实施，维护国家航空权益；参加国际民航组织活动及涉民航事务的政府间国际组织和多边活动；处理涉香港特别行政区及澳门、台湾地区民航事务。

任务二　航空货物运输业务运作

任务目标

1. 掌握航空货物运输的操作流程
2. 学会填制航空托运单

任务描述

在航空货运的各种方式中，班机运输的空运业务最为常见。班机运输主要包括出港业务流程和进港业务流程。

2021年1月，王南在业务经理郑先生的指点下与广州ABC进出口公司签订了计算机配件的销售合同。由于要货紧急，该批货物采用航空运输。王南听从经理建议，紧急联系郑州鼎新货运代理公司业务员李阳，委托其办理航空货物运输。

货物信息如下：

航空运单填开日期：2021年1月25日　　航空运单填开地点：郑州

始发站：新郑机场　　货物装箱情况：1 700 PCS/40 CTNS

航班号及日期：CA1234/2021年1月26日　　总毛重：400 kg

目的站：广州白云机场　　货物总价值：34万元

唛头：YYY/GUANGZHOU/NOS1-40　　计费重量：420 kg

计费货币：人民币　　航空运单号码：03030030509

空运单没有注明声明价值和商业价值　　尺码：30 cm×40 cm×20 cm

任务准备

一、航空货物出港操作流程

航空货物出港操作是指从托运人发货到承运人把货物装上飞机的整个过程。其具体操作流程如下：

委托运输→航空货运代理公司接受托运业务→签订托运合同→接收货物、制作标签→配舱、订舱→填写航空托运单→交接发运→航班跟踪→费用结算。

（一）委托运输

客户经过调查和业务咨询，委托航空货运代理公司办理航空托运业务。客户根据货物的货运信息向航空货运代理公司发出货物托运委托通知书。

（二）航空货运代理公司接受托运业务

航空货运代理公司根据客户填写的托运通知书了解货运信息，根据货物轻重情况和航空公司不同机型对货物的重量、高度要求，制订预配舱方案，并对每票货配上运单号，打印出总运单号、件数、重量、体积等信息，向航空公司预订舱。此时的货物可能还没入仓库，预报的信息和实际的货物信息（如件数、重量等）会有差别，留待配舱时再做调整。

（三）签订托运合同

客户与航空货运代理公司签订货物托运合同，以合约形式完成托运委托。

（四）接收货物、制作标签

航空货运代理公司接收货物和相关单据。接收时，航空货运代理公司应对货物进行称量和丈量，根据发票或送货清单、装箱单等单据清点货物，核对货物的件数、重量、体积等是否与单据一致，检查货物外包装是否符合运输要求。

航空货运代理公司为托运货物制作标签。标签分为识别标签、特种货物标签和操作标签。

（1）识别标签：是标明货物的件数、重量、始发站、目的站的运输标志。

（2）特种货物标签：是说明特种货物性质的各类识别标志。

（3）操作标签：是说明储运注意事项的各类标志。

（五）配舱、订舱

托运货物实际入库后，核对货物的实际件数、重量、体积与托运书上预报数量的差别，合理预订舱位，按照各航班机型、板箱型号、高度等进行配载，并向航空公司正式提出运输申请，订妥舱位。货物订舱应根据托运人的要求和货物标识的特点而定，一般来说紧急货物、现货、鲜活品等必须提前预订舱位，非紧急的零散货物可以不提前预订舱位。

订舱时，航空货运代理公司要填写订舱单，同时提供相应货物的运输信息，航空公司则根据货物实际情况安排航班和舱位。订舱后，航空公司签发舱位确认书（舱单），同时给予装货集装箱领取凭证，表示舱位已订妥。

（六）填写航空托运单

航空托运单需要经航空公司审核，审核内容包括运价是否正确、货物的性质是否适合空运等，审核完毕确认签单。只有航空公司签单确认后才可将单据和货物交给航空公司。航空公司签单，表示航空公司接受了该批货物的航空运输。

（七）交接发运

这是向航空公司交单交货，由航空公司安排航空运输。交单就是将所有货运单据和应由承运人留存的相关单据交给航空公司，交货是把应运输的与货运单据相符的货物交给航空公司准备发运。

（八）航班跟踪

单据交给航空公司后，表明航空公司已经承揽该批货物运输。航空货运代理公司可以根据单据信息要求航空公司随时跟踪该批货物，查询货运信息。

（九）费用结算

航空货运代理公司与托运人、承运人等之间要进行费用结算。结算方式可以是运费预付，也可以是运费到付。在运费预付情况下，涉及的费用主要有航空运费、地面运输费、手续费和各种服务费用等。

二、航空货物进港操作流程

航空货物进港操作是指从飞机到达目的地机场开始，航空公司将货物卸下飞机，直到交给收货人的全过程。其具体操作流程如下：

进港航班预报→航空公司分单→到货预报→航空公司发出提货通知→交接单货→理货与仓储→到货通知→送货与转运→收取费用。

（一）进港航班预报

航空公司及航空货运代理公司填写航班预报记录本，以当日航班进港预报为依据，在预报手册中填写航班号、机号、预计到达时间等。要求在每个航班到达之前，从查询部门掌握航班信息，了解到达货物的装机情况和特殊货物的处理情况。

（二）航空公司分单

在每份货运单的正本上加盖或书写到达航班的航班号和日期。要求认真核对货运单，注意货运单上所列目的港、代理公司、货物名称和运输保管等注意事项。

（三）到货预报

在航空货运发货前，托运方会将运单、航班、件数、重量、品名、实际收货人地址和电话等详细信息发至目的地，这个过程称为到货预报。如有中转航班或分批货物，必须注意标注清楚。

（四）航空公司发出提货通知

货物到达目的站后，与货物相关的单据也随机到达。航空公司或其代理人发出提货通知，若运单上收货人或通知人为航空货运代理公司，则将运输单据及与之相关的货物交给该货运代理公司。

（五）交接单货

航空公司与航空货运代理公司进行货物交接，做到单单核对、单货核对。如发现货物短缺、破损或其他状况，应向航空公司索要事故记录，作为交涉索赔的依据。

（六）理货与仓储

航空货运代理公司接货后立即短途驳运进机场的监管仓库，组织理货和仓储。

（七）到货通知

理单与到货通知是航空货运代理公司整理有关单证和向收货人发出到货通知的工作。货物到港后，货运代理公司应尽快向收货人发出到货通知。

（八）送货与转运

航空货运代理公司可以为货主提供送货上门服务，也可以提供货物转运服务。

（九）收取费用

航空货运代理公司向收货人收取费用。

三、航空运单

航空运单是进行航空运输的必备单据，是承运人与托运人之间的运输契约，是由承运人或其代理人出具的一种重要的货物单据。

（一）航空运单的主要作用

（1）航空运单是发货人与航空承运人之间的运输合同。

（2）航空运单是承运人签发的已接收货物的证明。

（3）航空运单是承运人据以核收运费的账单。

（4）航空运单是报关单证。

（5）航空运单是保险证明。

（6）航空运单是承运人内部业务的交接依据。

（二）航空运单的内容

航空运单的基本内容有：填单日期和地点、出发站和到达站、第一承运人的名称和地址、托运人的名称和地址、收货人的名称和地址、货物品名和性质、货物的包装方式和件数、货物的重量体积或尺寸、货物价值、航空运费及各项杂费、运输说明事项、托运人声明等。

（三）航空运单各联的用途

航空运单一式八联。其中正本三联，副本五联。三联正本具有同等法律效力。

第一联，甲联：正本 3，蓝色，为托运人联，作为托运人支付货物运费并将货物交由承运人运输的凭证。

第二联，乙联：正本 1，绿色，为财务联，作为收取货物运费的凭证交财务部门。

第三联，丙联：副本 7，白色，为第一承运人联，由第一承运人留交其财务部门作为结算凭证。

第四联，丁联：正本 2，粉红色，为收货人联，在到达站交收货人。

第五联，戊联：副本 4，黄色，为货物交付联，收货人提取货物时在此联签字，由承运人留存，作为货物已经交付收货人的凭证。

第六联，己联：副本 5，白色，为目的站联，由目的站机场留存，也可作为第三承运人联，由第三承运人留交其财务部门作为结算凭证。

第七联，庚联：副本 6，白色，为第二承运人联，由第二承运人留交其财务部门作为结算凭证。

第八联，辛联：副本 8，白色，为代理人联（存根联），由货运单填制人留存备查。

航空运单的三联正本一联交承运人，一联交收货人，一联交托运人，分别由托运人签字或盖章，由承运人接收货物后签字或盖章。

航空运单的承运人联应当自填开次日起保存两年。

任务实施

步骤一：掌握航空货物运输的操作流程

王南委托郑州鼎新货运代理公司办理航空货运业务，该业务从业务委托、货物进港至飞机到达广州、货物出港，主要流程如下。

第一步，发出货运委托通知书。

王南听从郑经理建议，紧急联系郑州鼎新货运代理公司业务员李阳，经过系统咨询，王南了解了鼎新货运代理公司的业务工作，在随后咨询了几家货运代理公司后，发现鼎新货运代理公司的优势比较明显，它与航空公司联系较广，服务态度好。王南决定委托该公司进行航空货运，遂发出货运委托通知书（表 4-1）。

表 4-1　航空货运委托通知书

托运人名称 郑州宏昌有限公司	电话 0371-6754×××× 传真 0371-6754××××
收货人名称 广州 ABC 进出口公司	电话 020-4567×××× 传真 020-4567××××

续表

通知人名称 郑州鼎新货运代理公司			电话 0371-4567×××
			传真 0371-4567×××

起运地 郑州		目的地 广州		
唛头	件数 40	重量 420 kg	尺寸	货物名称 计算机配件
头程日期 2021-01-26	二程日期		要求配何航空公司 无	
预定运价及杂费	委托方印鉴		费用支付方式 银行转账	

第二步，货运代理公司接受托运。

李阳收到郑州宏昌有限公司的航空货运委托通知书后，与王南进行详细沟通，了解其业务并对宏昌有限公司合法性进行调查，确认无误后，决定接受委托。李阳根据王南发出的货运委托通知书了解货运信息，还根据货物的轻重及航空公司的机型要求制订预配舱方案，打印总运单号、件数、重量等信息，向航空公司预订舱。

第三步，签订托运合同。

双方已经建立委托关系，为保证双方利益，王南代表郑州宏昌公司与鼎新货运代理公司签订货物托运合同（表4-2），以合约形式完成委托业务。

第四步，接收货物、制作标签。

李阳根据货物托运合同，接收宏昌有限公司的计算机配件货物，并为每个货物制作标签，在外包装上打上如下标签：

始发站：新郑机场

目的站：广州白云机场

收货人：张××

收货人地址：广东省广州市荔湾区文昌南路西海大厦×-×-×××

品名：计算机配件

件数：NO. S1-140

第五步，配舱、订舱。

李阳接收计算机配件后，将其入库，入库的计算机配件，一共40件，重量420 kg，李阳根据货物实际信息向航空公司正式提交订舱单，提出运输申请，订妥舱位。航空公司在收到订舱单后，签发舱位确认书（舱单），表示舱位已订妥。

第六步，交接发运。

李阳从库房提取计算机配件，将其交予航空公司装货发运，并将相关货运单据一并交予航空公司，时刻保持与航空公司的沟通，保证货物能够按原定计划储运。现场操作完成后，将航空运单资料传真给王南，并与王南确认费用。预计航班起飞前3小时主动向机场查询配载，确认货物是否已预配该航班，航班起飞后再次向机场查询配载，确认货物是否已经离港。

表 4-2　货物托运合同

始发站		郑州	目的站			广州	
托运人姓名或单位名称	郑州宏昌有限公司		邮政编码				
			4	5　0	0	0	1
托运人地址	河南省郑州市中原区石南路凌云大厦 2 楼×××室		联系电话				
			1390311××××				
收货人姓名或单位名称	广州 ABC 进出口公司		邮政编码				
			5　1	0	1	4	0
收货人地址	广东省广州市荔湾区文昌南路西海大厦×-×-×××		联系电话				
			1800202××××				
件数	重量		货物品名	包装			
40	实际	计费	计算机配件	纸箱			
	400 kg	420 kg					
储运	在运送过程中要对货品实施防震保护和防潮处理		货物价值	是否投保运输险			
			34 万元	是			
注意事项			请如实申报货物价值，不如实申报价值的货物发生丢失、损坏或被冒领的赔偿价值，以航空货物运单货物价值栏注明的价值为准，造成赔偿不足的责任由托运人或收货人承担。				
托运人对本合同内所填写内容的正确性和真实性负责							
托运单位 郑州宏昌有限公司 经手人身份证号码 411002×××××××2000 经手人签名 王南			货运单号码 03030030509				
		经办人	X 光机检查	无异常			
			检查货物	正常			
			总量计算	420 kg			
			标签填写	A40			
			2021 年 1 月 25 日				

第七步，到货预报与到货通知。

郑州鼎新货运代理公司通知广州 ABC 进出口公司业务员航班班次及到港时间，提醒买方注意接货。飞机到港后，与货物相关的单据也随机到达。货物卸下后，被存入机场的仓库，航空公司发出提货通知。

第八步，交接单货。

货物到港，一是进行单单核对，即交接清单与总运单的核对，二是进行单货核对，即交接清单与货物的核对。郑州鼎新货运代理公司通知广州ABC进出口公司以后，ABC进出口公司立即派人办理接货手续，到航空公司或机场仓库提货。货物交接时，需检查货物外包装的情况，如当场发现货物短缺、破损或其他异常情况，仓库应予以处理。

如果广州ABC进出口公司委托当地货运代理公司提货，该公司还可以为广州ABC进出口公司提供送货与转送服务。送货上门服务是指将货物从航空公司直接运送到广州ABC进出口公司，转运业务则是指将货物转运至其他地点。

第九步，结算费用。

郑州鼎新货运代理公司完成相关工作后，李阳立即就产生的相关费用与郑州宏昌有限公司王南进行结算，王南支付给郑州鼎新货运代理公司相关款项。

步骤二：填制航空托运单

根据业务资料相关信息，李阳帮助郑州宏昌有限公司填制国内航空托运单（表4-3），并交航空公司审核，等待航空公司签单。

办理航空托运业务时应注意以下问题。

（1）托运人应对托运单填写内容的真实性和正确性负责。

（2）托运人对托运货物，应按国家主管部门规定的标准进行包装，没有统一规定包装标准的，应根据包装运输安全的原则，按货物性质和承载飞机等条件包装。对于包装不合格的，承运人可以拒绝承载。

（3）托运人必须在托运的货件上标明发站、到站、收货人单位、姓名、地址等。

（4）国家规定必须保险的货物，托运人应在托运时投保。

（5）托运人托运货物，应按相关标准缴付运费和其他费用。

（6）承运人应于货物运达到货地点后24小时内向收货人发出到货通知，收货人及时凭提货证明提取货物。

（7）因承运人故意或过失造成托运人或收货人损失，托运人或收货人应在填写货物运输事故记录的次日起180天内，以书面形式向承运人提出索赔，并附相关证明文件。

表4-3　国内航空托运单

出发站	郑州	到达站	广州
收货人名称	广州ABC进出口公司	电话	020-4567××××
收货人地址	广东省广州市荔湾区文昌南路西海大厦×-×-×××		
发货人名称	郑州鼎新货运代理公司		
发货人地址	河南省郑州市中原西路×××号		

续表

空路转运	自　　至	运输方式		空运	
货物品名	件数及包装	重量		价值	
计算机配件	40 箱	实际	计费	34 万元人民币	
		400 kg	420 kg		
航空运费（每千克 2.1 元）		882 元		收运站	
地面运输费（每千克 0.6 元）		252 元	储运注意事项		
空路转运费（每千克 0.8 元）		336 元		日期	
中转费					
其他费用		10 元		经手人	
合计		1 480 元			

应用训练

2021 年 4 月 3 日，郑州鼎新货运代理公司业务员李阳接到郑州宏昌有限公司王南的电话，称其公司有一批女式羊绒衫要空运发往广州。其具体信息如下。

货物名称：女式羊绒衫

托运人：郑州宏昌有限公司　王南　　　　　　联系电话：1390311××××

托运人地址：河南省郑州市中原区石南路凌云大厦 × 楼 ××× 室

收货人：中远货代公司

收货地址：广州市东山区竹丝岗二马路 ××-× 号 ××× 室，联系电话：020-8138××××

货物价值：20 万元

航空运单填开日期：2021 年 4 月 3 日　　　　航空运单填开地点：郑州

始发站：新郑国际机场　　　　　　　　　　　货物装箱情况：100 PCS/10 CTNS

航班号及日期：CA1234/2021 年 4 月 4 日　　总毛重：40 kg

唛头：YYY/GUANGZHOU/NOS1-10　　　　　　计费重量：42 kg

计费货币：人民币　　　　　　　　　　　　　航空运单号码：03030030406

目的站：广州白云机场　　　　　　　　　　　尺码：30 cm × 35 cm × 18 cm

任务评价

任务评价表

项　目	内　容	结　果			
		非常好	较好	还不错	再加油
步骤一	掌握航空货物运输的操作流程				
步骤二	学会填制航空托运单				
综合评价					
知识掌握（3分）	内容完整（5分）		操作正确（2分）		评价得分（10分）

拓展提升

货物不正常运输的处理程序

货物不正常运输的处理程序如图 4-2 所示。

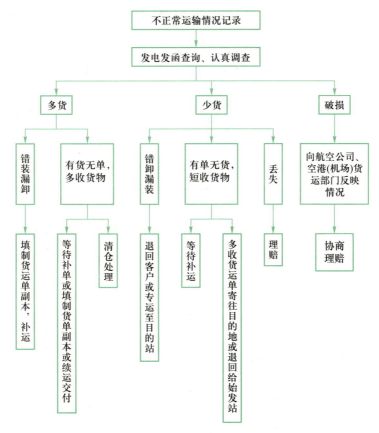

图 4-2 货物不正常运输的处理程序

石家庄国际机场航空货物托运书

石家庄国际机场航空货物托运书如表 4-4 所示，收运检查单如表 4-5 所示。

表 4-4　石家庄国际机场航空货物托运书

始发站 Airport of Departure	石家庄	目的站 Airport of Destination		航空货运单号码 AIR WAYBILL NUMBER	
托运人姓名、地址、邮编、电话号码 Shipper's Name，Address，Postcode & Telephone No.					
				是否属于危险物品： □是　　□否 Dangerous Good　　　yes　　　no	
收货人姓名、地址、邮编、电话号码 Consignee's Name，Address，Postcode & Telephone No.				贵重物品　□是　□否 Valuable　　yes　　no	
				急件货物　□是　□否 Urgent　　yes　　no	
				预付 PP	到付 CC
航班 / 日期 Flight/Date		航班 / 日期 Flight/Date	运输声明价值 Declared Value for Carriage	保险价值 Amount of Insurance	
填开货运单的代理人：河北空港物流有限公司				航协代码：HB60141/HB30074	
储运注意事项和备注 Handling Information and Remarks				随附文件 Documents to Accompany	
件数 No. of PCS.	毛重 Gross Weight	计费重量 Chargeable Weight	费率 Rate/charge	尺寸 / 体积 Dimensions/ volume	货物品名 / 包装 Description of goods/packing
	粗框内容由机场货运集中人员填写签字：				

续表

石家庄机场货运（河北空港物流有限公司）：

　　我司（本人）已接受工作人员关于危险品相关事项的问询和提示，并阅读了贵司《易含危险品的物品》《锂电池安全航空运输》等张贴画中的相关内容，保证：严格遵守国家有关法律，按照贵司要求托运货物，并声明所托运货物已如实申报品名，没有夹带未声明的货物，无隐含危险品；已妥善包装，符合航空运输安全要求。

　　托运人或其代理人签字或盖章：

　　Signature of Shipper or His Agent：...

　　托运人或其代理人有效身份证件号码：

　　ID Card Number：..

　　日期（Date）：＿＿＿年＿＿月＿＿日

表 4-5　收运检查单

以下由工作人员填写：

检查内容	是	否	不适用
已查验托运人有效证件	☐	☐	
已询问、提示客户发运货物中没有隐瞒、夹带危险品	☐	☐	☐
申报货物品名为确指品名	☐	☐	☐
通过对货物品名进行判断，初步确认货物内不含未申报的危险品	☐	☐	☐
液体、粉末、锂电池等货物是否有航空运输条件鉴定报告	☐	☐	☐
活体动物、植物、肉类、香烟、管制药品等限制运输物品是否有相应检疫证明或准运证明	☐	☐	☐
经初步检查，交运货物的包装件没有油渍或液体渗漏，无烟雾或气体冒出，无异味	☐	☐	☐
交运的货物外包装材质、尺寸等均符合航空运输要求	☐	☐	☐
清除或涂去无关标记或标签	☐	☐	☐
日期：	检查人签字：		
备注：			

任务三 航空货物运输费用计算

任务目标

1. 学会界定航空运输的重货与泡货
2. 看懂航空运价表
3. 学会计算航空货物运输费用

任务描述

航空运输的运价指出发地机场与目的地机场之间的空中费用，不包括提货、报关、交接、仓储以及承运人、代理人或机场收取的其他各种费用，这些费用由货站或者航空货运代理公司收取。

根据上述业务，计算广东 ABC 进出口公司计算机配件的航空运费。该批货物总毛重为 400 kg，计费重量为 420 kg，每箱尺码为 30 cm × 40 cm × 20 cm，共 40 箱。

任务准备

一、航空运输中抛货 / 泡货、重货定义与界定方法

航空运输中抛货 / 泡货是指体积折算的重量大于实际重量的货物，如木椅、塑料制品、棉花、海绵等。泡货通俗地讲就是轻货。在航空货运中，体积（m^3）/0.006 大于实际重量（t）即可界定为泡货。用公式可表示为

A：实际重量

B：体积重量 = 长 × 宽 × 高 /6 000

其中实际重量的单位为 kg，长、宽、高的单位为 cm。

如果 B>A，则该货为泡货；反之为重货。

如果实际重量的单位为 t，那么体积重量中长、宽、高的单位为 m，有

B：体积重量 = 长 × 宽 × 高 /0.006

由上述计算公式可以看出，当每立方米货物的实际重量小于 0.167 t 时，该货物即为泡货。泡货按折算后体积重量计算运费，重货按实际重量计算运费。

二、国内航空货物运价

（一）国内航空货物运价的种类

1. 普通货物运价（代号 N）

普通货物运价分为基础运价（N）和重量分界点运价（Q）。基础运价是我国民航总局统一规定的各航段都适用的货物基础运价，基础运价为 45 kg 以下的普通货物适用的运价。重量分界点运价是指国内航空货物运输规定的 45 kg 以上、100 kg 以上、300 kg 以上三级重量分界点及其各自对应的运价。

2. 等级货物运价（代号 S）

急件、生物制品、珍贵植物和植物制品、活体动物、骨灰、灵柩、鲜活易腐物品、贵重物品、枪械、弹药、押运货物等特种货物实行等级货物运价，按照基础运价的 150% 计收。

3. 指定商品运价（代号 C）

对于一些批量大、季节性强、单位价值低的货物，可申请建立指定商品运价。

4. 最低运费（代号 M）

目前每票国内航空运输货物的最低运费为 30 元。

5. 集装货物运价

集装货物运价指以集装箱、集装板作为一个运输单元运输货物时所适用的运价。

（二）国内航空货物运价使用规则

（1）直达货物运价优先于分段相加组成的运价。

（2）指定商品运价优先于等级货物运价和普通货物运价。

（3）等级货物运价优先于普通货物运价。

（三）国内航空货物运价计算规则

（1）货物运费计算以"元"为单位，元以下四舍五入。

（2）按重量计得的运费与最低运费相比较取其高者适用。

（3）按实际重量计得的运费与按较高重量分界点运价计得的运费相比较取其低者适用。

（4）分段相加组成运价时，不考虑实际运输路线，不同运价组成点组成的运价相比较取其低者适用。

（四）国内航空邮件运费

普通邮件运费按普通货物基础运价计收；特快专递邮件运费按照普通货物基础运价的150% 计收。

三、航空货物运费计算步骤

我国航空货物运费的计算步骤为：确定计费重量→确定航空运价→计算运费→核定总运价。

（一）确定计费重量

计算体积重量，将体积重量与实际重量相比较，取其高者作为暂时的计费重量，计算出一个运费。

（二）确定航空运价

若有重量分界点运价，且货物的计费重量均低于较高重量分界点，则采用较高重量分界点的较低运价计算出一个运费。

（三）计算运费

将上述（一）、（二）计算出的运费进行比较，取较低者作为最终的航空运费，其对应的重量为最终计费重量。

（四）核定总运价

总运价指一次航空货物运输所需支付的总费用，除航空运费外，通常还包括机场收取的地面运输费、空路转运费、中转费等各项费用。核定总运价时应将上述费用全部加总得出总运价。

任务实施

步骤一：界定航空运输的重货和泡货

航空运输中，$1\,m^3$ 货物重量大于或等于 167 kg 就属于重货，按实际重量计算运费。若 $1\,m^3$ 货物重量小于 167 kg，则当作重 167 kg 来计算。

郑州宏昌有限公司托运的计算机配件总毛重为 400 kg，计费重量为 420 kg。每箱尺码为 30 cm×40 cm×20 cm，共 40 箱。下面计算郑州宏昌有限公司托运货物的体积重量：

长（cm）×宽（cm）×高（cm）÷6 000 kg/cm³=30×40×20×40÷6 000=160 kg

该批计算机配件的实际重量为 400 kg，实际重量＞体积重量，应属于重货，暂按实际重量计费。

步骤二：看懂航空运价表

资料上并未提示有相关优惠运价，因此郑州宏昌有限公司托运的计算机配件应按普通货物运价计算航空运费。

理解运价表的构成，准确地找出适用的运价，是进行运费计算的前提和关键。王南查询了郑州机场始发运价表（表 4-6），并对运价表内容有所认识。

表 4-6　郑州机场始发运价表

目的地	航空公司	等级运价（元 /kg）				
		N	45 ↑	100 ↑	3.00 ↑	S
海口	海航	6.7	5	3.2	2.5	9.0

续表

目的地	航空公司	等级运价（元/kg）				
		N	45 ↑	100 ↑	3.00 ↑	S
深圳	深航（9590）	6.2	5	3.3	2.5	9.0
深圳	海航	6.2	5	2.9	2.3	9.0
广州	深航（9358）	6.2	5	2.5	2.1	9.0
广州	海航	6.2	5	2.7	2	9.0
广州	深航	6.2	5	2.2	1.8	9.0

可以看到深航 9358 的运价：

普通运价（N）45 kg 以下：6.2 元/kg

45~100 kg：5 元/kg

100~300 kg：2.5 元/kg

300 kg 以上 2.1 元/kg

其中活体动物、贵重物品按普通运价的 150% 收费，另收取检查费 100 元/票。

如单件货物重量超出 80 kg，按机场规定收取超重费。

N 代表单票 45 kg 以下货物运价。

S 代表急件与特殊货物运价。

步骤三：学会计算航空货物运输费用

在学习了相关航空运费的计算方法后，王南和李阳共同计算本批计算机配件的航空运费。

计算运费步骤如下：

第一步，计算机配件计费重量为 420 kg，步骤一中已确定该批货物为重货，应按计费重量 420 kg 来计算运费。

第二步，420 kg＞300 kg，适用的运价为 2.1 元/kg，则运费为 420×2.1=882 元。

第三步，确定其他费用，核定总运价。

李阳向王南介绍，除了航空运费，机场还收取地面运输费、空路转运费、中转费、其他费等各项费用。本次航空运输地面运输费为每千克 0.6 元，空路转运费为每千克 0.8 元，没有中转费，其他费用 10 元。最终总费用为

　　航空运费＋地面运输费＋空路转运费＋其他＝882+252+336+10=1 480（元）

则总运价为 1 480 元。

应用训练

练习 1：由北京运往上海一箱服装，毛重 31.4 kg，尺码为 80 cm×70 cm×60 cm，请上网查找北京至上海的航空运价，计算该票货物的航空运费。

练习 2：一批服装从上海运往哈尔滨，属普通货物，计费重量 68 kg，请上网查找上海至哈尔滨的航空运价，计算该票货物的航空运费。

练习 3：从成都运往上海一批水果，属等级货物，计费重量 85 kg，请上网查找成都至上海的航空运价，计算该票货物的航空运费。

任务评价

任务评价表

项　　目	内　　　容	结　果			
		非常好	较好	还不错	再加油
步骤一	学会界定航空运输的重货和泡货				
步骤二	看懂航空运价表				
步骤三	学会计算航空货物运输费用				
综合评价					
知识掌握（3分）	归纳准确（2分）	计算正确（5分）		评价得分（10分）	

拓展提升

国内航空运价表

以温州机场至全国各大机场的运价为例，其国内航空运价表如表 4-7 所示。

表 4-7　国内航空运价表

运价编号：WZ1315　　　　　　　　　　　　　　　　　　　　单位：元/kg

航线		直达运价						
		M	N	Q45	Q100	Q300	Q500	Q1000
西南区	重庆（南航）	90	9.1	6.7	5.6	5.1	4.6	
	昆明	90	7.7	5.7	3.5	3.5	3.5	

航线		直达运价						
		M	N	Q45	Q100	Q300	Q500	Q1000
西南区	成都	90	11.0	5.7	4.2	4.0	4.0	
西北区	乌鲁木齐（南航）	90	13.1	11.1	10.1	9.6	8.9	
	兰州（南航）	90	8.7	6.7	6.0	5.5	5.0	
	西安	90	10.1	4.1	2.9	2.6	2.4	
东北区	沈阳（深航）	90	10.8	7.1	6.0	5.7	5.7	5.4
	大连	90	9.4	6.6	3.4	3.2	2.8	2.6
	哈尔滨	90	11.8	9.9	9.5	9.3	9.3	
华北区	太原	90	10.2	5.0	3.2	3.0	2.9	
	北京（国航）	90	10.3	5.1	2.8	2.7	2.6	
	天津	90	10.1	6.2	3.6	3.0	3.0	
	石家庄（NS3206）	90	10.2	5.0	3.1	2.9	2.8	
华南区	厦门	90	8.0	3.4	2.6	2.4	2.4	
	青岛（GS6614）	90	7.4	5.4	3.8	3.5	3.0	
	南京	90	6.6	3.2	2.2	2.0	1.8	
	上海	90	5.5	2.8	1.3	1.3	1.2	
	无锡	90	5.7	2.7	1.8	1.8	1.8	
	深圳	90	8.0	3.9	2.6	2.5	2.5	
	广州	90	8.2	4.4	1.7	1.6	1.4	
	长沙	90	7.2	4.0	2.5	2.3	2.1	
	武汉（南航）	90	5.2	3.2	2.6	2.5	2.5	
	南宁	90	7.7	5.2	2.5	2.4	2.4	

其中 M 表示最低运费，N 代表普通货物基础运价，Q45 代表重量为 45~100 kg 的普通货物的运价，Q100、Q300、Q500 的含义以此类推。

专项法规拓展

1.《中国民用航空货物国内运输规则》（中国民用航空总局颁布，1996 年 3 月 1 日起

施行）

2.《中国民用航空货物国际运输规则》（中国民用航空总局颁布，2000 年 8 月 1 日起施行）

3.《民用机场管理条例》（国务院令第 709 号，2019 年 3 月 2 日起施行）

建议：可上网查询细则，应用学习。

项目五 水路货物运输

任务一 理解水路货物运输

任务目标

1. 认识水路货物运输的含义、分类
2. 清楚水路货物运输的优劣势
3. 知道海上货运代理与装卸、理货人

任务描述

水路运输是各类运输中兴起最早、历史最长的运输方式。在出现汽车、铁路、航空以前，水上运输同以人力、畜力为动力的陆上运输方式相比，无论运输能力、运输成本还是方便程度等各个方面都处于优势地位。

为了更好、更深入地了解水路货物运输，先达货运公司业务员李军决定从认知水路运输的含义、分类、优劣势和相关当事人做起，先对其基本内容形成一个较全面的了解，以便为以后办理水路运输业务打下良好的基础。

任务准备

一、水路货物运输的含义

水路货物运输是以船舶为主要运输工具，以港口或港站为运输基地，以水域包括海洋、河流和湖泊为运输活动范围的一种货物运输方式。它是我国综合运输体系中的重要组成部分，并且正日益显示出它的巨大作用。

到 2020 年，我国已与世界上主要海运国家签署了 68 个双边海运和河运协定，对外开放港口已达到 130 多个，挂靠我国港口的外资班轮公司有 105 家。进出我国港口的外轮每年达 8 万多艘次，我国与 100 多个国家和地区的 1000 多个港口建立了广泛的航运业务往来。中国当前已基本形成一个具有相当规模的水运体系。在相当长的历史时期内，中国水路运输对经济、文化发展和对外贸易交流起着十分重要的作用。

二、水路货物运输的分类

水路货物运输可以按照不同的方式进行分类。

（一）根据货物的包装形式分类

根据货物的包装形式不同，水路货物运输可分为散装货物运输、成件货物运输和集装箱货物运输。

1. 散装货物运输

散装货物运输包括散装液体货物运输和散装固体货物运输。散装货物通常按重量交接。

2. 成件货物运输

成件货物按件数交接。成件货物的包装应符合要求。

3. 集装箱货物运输

应注意集装箱的交接责任、装箱、拆箱、施封、空箱返还等问题。

（二）根据水路货物运输跨及的水域分类

根据跨及的水域不同，水路货物运输可分为沿海货物运输、近海货物运输、远洋货物运输和内河货物运输。

1. 沿海货物运输

沿海货物运输是使用船舶通过大陆附近沿海航道运送货物的一种方式，一般使用中、小型船舶，系几个邻近海区间或本海区内的运输，以内贸运输为主，多为国内的两个港口之间的运输。

2. 近海货物运输

近海货物运输是使用船舶通过大陆邻近国家海上航道运送货物的一种运输形式，视航程可使用中型船舶，也可使用小型船舶，系不同国家的两个港口之间的运输，区别于沿海货物运输。图 5-1 为集装箱船近海运输。

图 5-1　集装箱船近海运输

3. 远洋货物运输

远洋货物运输是使用船舶跨大洋的长途运输形式，主要依靠运量大的大型船舶，系国际间的运输，以外贸运输居多。

4. 内河货物运输

内河货物运输是使用船舶在陆地内的江、河、湖、川等水道进行运输的一种方式，主要使用中、小型船舶。在一条河流（包括运河）上或通过几条河流的运输，一般为国内运输，但如果河流流经数国，如欧洲的莱茵河、多瑙河等，在这种河流上的运输有可能是国与国间的运输。图5-2为嘉兴内河港，图5-3为京杭运河上运输，图5-4为密西西比河航运。

图5-2　嘉兴内河港

图5-3　京杭运河运输

图5-4　密西西比河航运

（三）根据营运方式分类

根据营运方式不同，水路货物运输可分为班轮运输和航次租船运输。

1. 班轮运输

班轮运输是在固定的航线上，按照既定的船期和挂靠港，从事有规律的水上货物运输的形式。

2. 航次租船运输

航次租船运输是指船舶出租人向承租人提供船舶的全部或者部分舱位，装载约定的货物从一港运至另一港，由承租人支付约定运费的运输形式。

（四）根据货物的性质分类

根据货物的性质不同，水路货物运输可分为普通货物运输和特种货物运输。其中，特种货物运输包括以下几类。

（1）散装液体货物运输。其只限于整船、整舱运输，按重量交接，要注意施封。

（2）危险货物运输。要注意妥善包装，制作危险品标志和标签。

（3）笨重、长大货物运输。

（4）舱面装载货物运输。要注意加固货物。

（5）鲜活货物运输。鲜活货物包括易腐货物、活动物和有生植物。

（6）内河拖航运输。运输的货物包括木（竹）排、船舶或其他水上浮物。

水上货物运输种类繁多，需要视具体货物的种类、具体运营情况而定，选择合适的运输方式。

三、水路货物运输的优劣势

（一）水路货物运输的优势

（1）运输成本低，载重量大。水路货物运输能以最低的单位运输成本提供最大的货运量，尤其在运输大宗货物或散装货物时，采用专用的船舶运输，可以取得更好的技术、经济效果。

（2）平均运输距离长，通过能力强。

（二）水路货物运输的劣势

（1）受自然气象条件因素影响大。由于季节制约的程度大，因而一年中，中断运输的时间较长。

（2）营运范围受到限制，灵活性小。如果没有天然航道则无法运输。

（3）航行风险大，安全性略低。

（4）运输速度慢，准时性差，经营风险大。

水路运输在承担时间要求不太强的大宗、廉价货物的中长距离运输时，与铁路、公路运输相比，具有突出的优势，尤其是这些货物的长途运输，水路运输是最经济的一种运输方式。

四、海上货运代理与装卸、理货人

（一）海上货运代理

货物运输代理简称货代，是指货运代理机构或个人接受货主或承运人的委托，在授权范围内，代表货主办理进出口货物的报关、交接、仓储、调拨、检验、包装、租船订舱等业务，或代表承运人承揽货载的服务行为。从事这些业务，并在提供这类服务后收取佣金的机构或个人就是货运代理人。海上货运代理是随着国际贸易所涉及的国家和地区的不断扩大，海上货物运输量的日益增加而产生和发展起来的。海上货物运输环节多、业务范围广，货主或船公司很难亲自处理好每一环节的具体业务，而且限于人力和物力也不可能在世界范围广设分支机构。在这种情况下，如果将有关业务委托给海上货运代理办理，对货主来说，有利于贸易合同的履行，对承运人来说，则无疑扩大了揽货网络，增加了货源。海上货运代理则可通过提供代理服务获得一定数额的佣金。

（二）装卸、理货人

装卸、理货业是接受货主或船舶经营人的委托，在港口分别为开航前或到达目的港后的船舶进行货物装卸、清点、交接、检查货物损坏程度和原因并做出公证、衡量散装货物重量等项作业的行业。装卸业是办理将货物装船和从船上将货物卸下的行业。经营这种行业的经营人称为装卸人。理货业是在装货或卸货时，对货物的件数进行清点，并对货物的交接做出证明的行业。理货业的经营人通常被称为理货人。

任务实施

步骤一：认识水路货物运输的含义和分类

李军从不同的角度归纳了水路货物运输的分类，从而进一步地认识了水路货物运输方式。

步骤二：清楚水路货物运输的优劣势

李军将水路货物运输与其他运输方式做了对比，罗列出了水路货物运输的优劣势，为日后进行货物运输方式的选择打下了基础。李军认识到对于价廉、量大且不要求运输速度的货物，可采用水路运输。水路运输中的海洋运输尤其适合大宗国际贸易货物运输，但也要考虑其风险。

步骤三：知道海上货运代理与装卸、理货人

李军了解了海上货运代理、装卸人、理货人的含义、业务范围和主要作用。

应用训练

根据本任务讲述的内容，利用互联网查找资料，归纳整理对水路货物运输的认识，形成总结文档。

任务评价

任务评价表

项　　目	内　　容	结　　果			
		非常好	较好	还不错	再加油
步骤一	认识水路货物运输的含义和分类				
步骤二	清楚水路货物运输的优劣势				
步骤三	知道海上货运代理与装卸、理货人				
综合评价					
资料准备（3分）	知识掌握（5分）	语言表述（2分）		评价得分（10分）	

拓展提升

水路货物运输合同

水路货物运输合同是指水路货物运输企业与其他企业之间，为了实现特定的水路货物运输任务而明确相互权利义务关系而订立的合同。申请托运货物的一方，称为托运人；承接货运任务的一方，称为承运人。水路货物运输合同除双方当事人可以即时清结者外，应当采用书面形式。

水路货物运输合同的基本形式为月度或月度以上水路货物运输合同、航次租船合同、水路货物运单和水水联运货物运单等。

水路货物运输合同应包括以下基本内容：货物名称；货物托运人和收货人名称；起运港和到达港，海、江、河联运货物应载明换装港；货物重量，按体积计费的货物应载明体积；违约责任；特殊条款。

任务二　海上货物运输业务运作

任务目标

1. 确定航线

2. 清楚班轮托运

3. 知道租船托运

4. 掌握海运业务运作流程

任务描述

海上货物运输过程复杂，涉及班轮运输与非班轮运输。其具体业务运作过程依据各自流程，有序展开。

2020 年 12 月，丹斯（天津）医疗设备厂（以下简称丹斯公司）要出口一批医疗器械，买方为日本医疗所，地点位于横滨，销售合同中规定使用海运集装箱方式运输。2020 年 12 月 1 日，丹斯公司委托先达货运公司代为办理托运业务。先达货运公司李军在同事的帮助下，开始接手这单业务。

出口货物信息如下：

品名：MEDICAL & SURGICAL APPARATUS（医疗器械）

数量：100 箱

尺码：每箱尺码为 20 cm×30 cm×40 cm

重量：每箱重量为 25 kg

任务准备

一、确定航线

（一）确定航线的含义

船舶在两个或两个以上港口之间从事货物运输的具体线路称为航线。定港、定船、定期、定运价的航线即为班轮航线。

确定航线是指船公司考虑相关因素后对船舶在两个或两个以上港口之间从事货物运输的具体线路的选择。

（二）确定航线的内容

确定航线主要包括航线形式的确定、航线上船舶挂靠港的选择。

1. 航线形式的确定

由于航线上每个始发港在发船间隔内拥有的货流有限，有时不足以装满整船，为提高船舶装载率，往往有不同航线形式可供选择。

（1）多港挂靠航线形式。多港挂靠航线形式是传统杂货班轮运输广泛采用的航线形式。这种航线形式船舶每个往返航次要挂靠的港口较多，去程时按顺序依次挂靠各港，回程时按相反顺序依次挂靠各港，货物不需在中间港口换装，直接运到目的港。

（2）干线/支线航线形式。干线/支线航线形式是随着集装箱运输发展而带来班轮运输船舶大型化后出现的。它在航线两端各选择一个干线转运港，在两个转运港之间构成了航线的干线。干线船在干线转运港之间往返航行，许多小港由支线船连接干线港，支线船在小港和干线转运港之间往返航行。一般认为干线船舶具有规模经济的优势，可以弥补支线运输费用的增加。

2. 航线上船舶挂靠港的选择

一般航线上可供选择的港口数量较多，为减少船舶挂靠次数、缩短停港时间和节约港口费用，通常根据港口货流情况进行选择。可将货流较大且稳定，需要船舶经常停靠的港口定为基本港；货流不足或不稳定，船舶不一定经常停靠的港口定为非基本港。航线上基本港一般是货流多、水域条件好、集疏运便利、装卸效率较高的港口。需要说明的是基本挂靠港与非基本挂靠港只是相对固定的。

挂靠港确定后还要确定航线挂港顺序，一般可根据货物的流量、流向，挂靠港的营运情况，船舶到港时间确定。

（三）确定航线的影响因素

（1）有无保证船舶正常营运所需的充足且稳定的货源。

（2）航线上有无适合船舶安全航行的自然条件和地理环境。

（3）所拟航线上各船公司的参与及其竞争能力情况。

（4）国家的外交、经贸政策及航线所在地区政局稳定情况。

船公司一般会依据以上因素定期调整和优化航线的设置，以适应市场变化，保持在行业内的竞争力。

二、班轮托运

（一）班轮托运的含义

班轮托运又称定期船运输，指按照规定的时间表在一定的航线上，以既定的挂港顺序、有规律地从事航线上各港间货物的船舶运输。

在班轮运输实践中，班轮运输可分为两种形式：一是定航线、定船舶、定挂靠港、定到发时间、定运价的班轮运输，通常称为"五定班轮"；另一种通常称为"弹性班轮"，是定航线、不严格定期的班轮运输。例如，表5-1所示的船期表为"五定"班轮运输。

表5-1　天津中远公司12月份船期表

船名	航次	中国港口			日本港口		
		营口	天津（新港）	大连	东京	横滨	名古屋
HU TUO HE	604	12月5日	12月6日	12月8日	12月12日	12月12日	12月13日

船名	航次	中国港口			日本港口		
		营口	天津（新港）	大连	东京	横滨	名古屋
PAN HE	737	12月12日	12月13日	12月15日	12月19日	12月19日	12月20日
HU TUO HE2	605	12月19日	12月20日	12月22日	12月26日	12月26日	12月27日
PAN HE2	738	12月26日	12月27日	12月29日	1月2日	1月2日	1月3日

（二）班轮托运的特点

（1）船舶按照固定的船期表，沿着固定的航线和港口来往运输，并按相对固定的运输费率收取运费。因此，其具有"四固定"的基本特点。

（2）运价内已包括装卸费用。货物由承运人负责配载装卸。船货双方[①]不计算滞期费和速遣费。

（3）船货双方的权利、义务、责任、豁免情况，以船方签发的提单条款为依据。

（4）班轮承运的货物品种、数量比较灵活，货运质量较有保证，且一般在码头仓库交接货物，故为货主提供了较便利的条件。

（三）班轮运输承运人与托运人的责任划分

班轮承运人是指班轮运输合同中提供船舶并负责运输的当事人。托运人是在班轮运输合同中委托承运人运输货物的当事人。承运人最基本的义务是按合理的期限将货物完整无损地运到指定地点，并交给收货人。托运人的基本义务是按约定的时间、品质和数量准备好托运的货物，保证船舶能够连续作业，并及时支付有关费用。

班轮运输一般服务于非特定的分散的众多货主，因此这种方式适用于一般货物和非整船的小额货物的运输。

三、租船托运

（一）租船托运的含义

租船托运又称作不定期船运输，是相对于定期船（即班轮托运）而言的一种国际航运经营方式。由于这种经营方式需在市场上寻求机会，没有固定的航线和挂靠港口，也没有预先制定的船期表和费率本，船舶经营人与需要船舶运力的租船人是通过洽谈运输条件、签订租船合同来安排运输的，故称为"租船托运"。

（二）租船方式的种类

目前，在国际上主要的租船方式有航次租船、定期租船、包运租船和光船租船四种。

---

① 船货双方指船公司和货主，即承运人和托运人。

1. 航次租船

航次租船又名"程租船"，是一种由船舶所有人向租船人提供特定的船舶，在特定的两港或数港之间从事一个特定的航次或几个航次承运特定货物的方式。简单地说，这种方式可用四个"特定"来概括，即特定的船舶、特定的货物、特定的航次、特定的港口。

2. 定期租船

定期租船又名"期租船"，是指由船舶所有人按照租船合同的约定，将一艘特定的船舶在约定的时期交给承租人使用的租船方式。

3. 包运租船

包运租船又称"运量合同"，是指船舶所有人以一定的运力，在确定的港口之间，按事先约定的时间、航次周期，每航次以较均等的运量，完成全部货运量的租船方式。

4. 光船租船

光船租船又名"船壳租船"，是指在租期内船舶所有人只提供一艘空船给承租人使用，而配备船员、供应给养、船舶的营运管理以及一切固定或变动的营运费用都由承租人负担。这种租船不具有承揽运输性质，它只相当于一种财产租赁。

（三）租船托运的基本特点

（1）租船托运的营运组织取决于各种租船合同。船舶经营人与船舶承租人双方首先须签订租船合同才能安排船舶营运，合同中除需规定船舶就航的航线、载运的货物种类及停靠的港口外，还需具体订明双方的权利和义务。一般由船东与租方通过各自或共同的租船经纪人洽谈租船业务。

（2）租船托运的运费或租金水平的高低，直接受租船合同签订时的航运市场行情波动的影响。世界的政治经济形势、船舶运力供求关系的变化以及通航区域的季节性气候条件等，都是影响运费或租金水平高低的主要因素。

（3）租船托运中的有关船舶营运费用及开支，取决于不同的租船方式，由船舶所有人和船舶承租人分担，并在租船合同中订明。

（4）租船托运不定航线，不定船期。船东对于船舶的航线、航行时间和货载种类等按照租船人的要求来确定。

（5）租船运输主要服务于专门的货运市场，承运大宗货物，如谷物、油类、矿石、煤炭、木材、砂糖、化肥、磷灰土等，并且一般都是整船装运的。

四、海运业务运作流程

由于海运分班轮运输和租船运输，以下重点以集装箱货物为例介绍班轮运输业务运作。

（一）海运集装箱发运（出口）业务运作流程

海运集装箱发运（出口）业务运作流程包含委托发运、办理相关手续（订舱、提取空箱、货物装箱、报关、报检、配载装船、换取提单等）、运输、卸货和交付货物等环节，如图 5-5 所示。

图 5-5　海运集装箱发运（出口）业务运作流程

1. 委托发运

在集装箱班轮货物运输过程中，货主一般都委托货运代理为其办理有关的货运业务。在货主委托货运代理发运货物时，会向其提交一份货运代理委托书（托运单）。

2. 订舱

货运代理人接受委托后，应向船公司预订舱位。船期表及船公司所公布的各种航运信息是订舱配载的重要参考资料。船公司确认还有空余舱位就会开具装货单给货运代理人。

3. 提取空箱

订舱后货运代理提出使用集装箱的申请，就可以提取所需的集装箱。

4. 货物装箱

装箱人应根据订舱清单等资料，核对货物装箱情况。装箱后，运至承运人的集装箱码头堆场，并由码头堆场根据订舱清单，核对装箱单，接收货物。

5. 报关、报检

货运代理人员去报关，报关通过后，海关会加盖报关章放行。需要报检的货物由货运代理人员报检。

6. 配载装船

集装箱码头堆场或集装箱装卸区根据接受待装的货箱情况，制订出装船计划，等船靠泊后即可进行装船。一般船公司的配载中心会做好计划，然后由码头的安排人员根据码头堆场实际进行配载，最后上船由大副确认，签署大副收据。

7. 换取提单

货运代理凭经签署的场站收据，在支付了预付运费后，就可以向船公司或其代理人换取提单。货主取得提单后，可以去银行结汇。

8. 运输

船舶按照既定的航线和时间行驶，按照既定的挂靠港顺序停泊，完成货物运输。

9. 卸货

到达目的港后，将所承运的货物从船上卸下，在约定交货地点交给收货人或其代理人，并办理货物的交接手续。卸货时，船方和装卸公司应根据载货清单和其他有关单证认真卸货，避免发生差错。

10. 交付货物

收货人将提单交给船公司在卸货港的代理人，经代理人审核无误后，签发提货单给收货人，然后收货人凭提货单前往码头仓库提取货物，并与卸货代理人办理交接手续。

（二）海运集装箱接运（进口）业务运作流程

海运集装箱接运（进口）业务运作流程包含委托接运、办理发货地相关手续（卸货地订舱、装船）、接运、办理卸货相关手续（到港卸货、换取提货单、报关、报检、监管转运）、交付货物（提取货物、交货、还箱）等环节。如图5-6所示。

图5-6 海运集装箱接运（进口）业务运作流程

1. 委托接运

货主一般委托货运代理为其办理接运业务，货运代理与货主双方建立的委托关系可以是长期的，也可以是就某一批货物而签订的。

2. 卸货地订舱

货运代理接受收货人委托后，负责订舱或租船，并将船名、装船期通知发货人。

3. 装船

货运代理通知买卖合同中的卖方（实际发货人）及装运港代理人，在指定装船期装货；实际发货人将货物交给船公司，货物装船后发货人取得有关运输单证。

4. 接运

接运工作要做到及时、迅速，主要包括：加强内部管理，掌握船舶动态，做好接货准备，及时告知收货人，汇集单证，及时与港方联系，谨慎接卸。

5. 到港卸货

货运代理及时办理进口货物的单证及相关手续，船抵卸货港卸货，货物提箱进入场站。

6. 换取提货单

货运代理人凭提单去船公司或其代理人处换取提货单。

7. 报关、报检

凭提货单报关，根据国家有关法律、法规的规定，进口货物必须在办理海关验放手续后，收货人才能提取货物。因此，必须及时办理有关报检、报关等手续。

8. 监管转运

进口货物入境后，一般在港口报关放行后再内运，但经收货人要求，经海关核准也可运往另一设关地点办理海关手续，称为转关运输货物，属于海关监管货物。

9. 提取货物

货运代理凭提货单提货。

10. 交货

货运代理向货主交货有两种情况：一是象征性交货，即以单证交接，货物到港经海关验放，并在提货单上加盖海关放行章，将该提货单交给货主，即为交货完毕。二是实际交货，即除完成报关放行外，货运代理负责向港口装卸区办理提货，并负责将货物运至货主指定地点，交给货主。以上两种交货，都应做好交货记录工作。

11. 还箱

集装箱运输中的整箱货，通常货运代理还需要负责空箱的还箱工作，将空箱还至空箱堆场。

任务实施

业务回顾：先达货运公司接手的业务是 2020 年 12 月 1 日，丹斯（天津）医疗设备厂委托托运一批医疗器械到日本横滨，买方为日本医疗所，接货地点为横滨港口。双方协议，丹斯（天津）医疗设备厂将货物送到先达货运公司的集装箱货运站装箱。运费采取到付的形式，到付地点为日本横滨港口。

货物信息：品名为 MEDICAL & SURGICAL APPARATUS（医疗器械）；数量为 100 箱；尺寸为每箱 20 cm × 30 cm × 40 cm；重量为每箱 25 kg。

李军开始办理接单后的一切手续。

步骤一：确定航线

李军查询了当月天津中远公司船期表（参见表 5-1），发现有适宜的航线可供选择，于是他决定选择中远公司船名为 HU TUO HE、航次为 604 的航线，发船日期为 2020 年 12 月 6 日，当天装船。

步骤二：清楚班轮托运

针对班轮运输的特点，李军觉得这种运输方式无论是在船舶的选择、发船时间和运价方面都相对固定，有利于一般杂货和不足整船的小额贸易货物的运输，且手续简单，方便货主。根据丹斯（天津）医疗设备厂运输的货品量，李军认为选择班轮运输是合适的。

步骤三：知道租船托运

对比了租船运输与班轮运输的区别，李军了解到租船运输更适宜进行低值的大宗货物运输，且一般都是租用整船装运。所以本次李军没有选择这种运输方式。

步骤四：掌握海运业务运作流程

李军开始正式进入海运集装箱发运（出口）业务运作流程。

1. 接受托运人委托

丹斯（天津）医疗设备厂委托先达货运公司代理海上货运发货业务，丹斯（天津）医疗设备厂填写海运托运单（表 5-2）。托运单第一份给丹斯（天津）医疗设备厂留存，其余由先达货运公司交中远公司办理订舱等后续手续。

表 5-2　海运托运单

Shipper 托运人 丹斯（天津）医疗设备厂 Tel 022-82×××50　Fax 022-82×××56		Booking Note 海运托运单		
Consignee 收货人 TO ORDER				
Notify Party 通知人 日本医疗所		B/N No. 托运单号		
		CY Opening 开舱日期		CY Closing 截关日期
		Vessel/Voyage 船名/航次		
Place of Receipt 收货地	Place of Loading 装货港	Size 柜型	Quantity 柜量	B/L Issued at：提单发放地点
先达货运公司集装箱货运站	天津港	20'		SHENZHEN
		40' GP		HONGKONG
		40' HQ		TAIWAN
Port of Discharge 卸货港 横滨港口	Place of Delivery 目的港 横滨港口	45'		OTHER
		其他（如海运散货）		Release B/L Way：放货方式
				MASTER B/L
				HOUSE B/L
				TLX RELEASE
Marks/Nos. 唛头/号码	Quantity & Kind of package 件数及包装	Description of Goods 货物品名及规格	Gross Weight （KGS）毛重	Measurment （CBM）尺码
	100 cartons（箱）	MEDICAL & SURGICAL APPARATUS（医疗器械） 0.2 m×0.3 m×0.4 m	2 500 KGS	2.4 CBM

续表

Freight Confirm 费用确认	Ocean Freight 海运费	DOC 文件费	Other 其他	Prepaid 预付	Collect 到付
					到付

如客户自拖自报，请注明：拖车公司及联系方式、报关行及电话	Signature & Chop by Shipper 托运人签名及盖章
如需要我司安排拖车，请填写此栏：拖柜地点、时间、联系人及电话	

2. 订舱

李军向中远公司提出订舱申请。中远公司确认有舱，开具装货单给李军。李军通知丹斯（天津）医疗设备厂订舱成功。同时通知丹斯（天津）医疗设备厂有关船名、航次、预计开航日、集港日等信息。

3. 提取空箱

由于这 100 箱货物的体积为 2.4 m³，重量为 2.5 t，远小于一个集装箱的容积和限重，于是李军向中远公司为这批货物申请了一个集装箱。

4. 货物装箱

丹斯（天津）医疗设备厂将待运的医疗器械送到先达货运公司的集装箱货运站，在集装箱货运站装箱后，李军安排拖车及时将集装箱送往码头堆场，集中到港区等待装船。

5. 报关、报检

李军持单证去海关报关。报关通过后，单证上被加盖报关章。李军将加盖报关章的单证送至码头堆场，准备配载装船。

6. 配载装船

中远公司在码头的现场安排人员根据接受待装的货箱情况进行配载，最后上船由大副确认，签署大副收据。李军收好大副收据。

7. 换取提单

李军凭大副收据向中远公司换取提单（表5-3）。李军将提单等单据交货主丹斯（天津）医疗设备厂。

表 5-3　提　　单

1. SHIPPER（托运人） 丹斯（天津）医疗设备厂		B/L NO 20190801001		
2. CONSIGNEE（收货人） TO ORDER				
3. NOTIFYPARTY（通知人） 日本医疗所		中国远洋运输（集团）总公司 CHINA OCEAN SHIPPING（GROUP）CO.		
4. PR-CARRIAGEBY（前程运输）	5. PLACE OF RECEIPT（收货地） 天津港口			
6. OCEAN VESSEL VOY. NO.（船名及航次） ROTTERDAM 008E	7. PORT OF LOADING（装货港） 天津港	ORIGINAL Combined Transport Bill of Lading		
8. PORT OF DISCHARGE（卸货港） 日本横滨港	9. PLACE OF DELIVERY（交货地） 日本横滨港	10. FINAL DESTINATION FOR THE MERCHANT'S REFERENCE（目的地） 日本横滨港口		
11. MARKS（唛头）	12. NOS. & KINDS OF PKGS（包装种类和数量） 100 cartons（箱）	13. DESCRIPTION OF GOODS（货物名称） MEDICAL & SURGICAL APPARATUS（医疗器械）	14. G.W.（KG）（毛重） 2500 KG	15. MEAS（CBM）（体积） 2.4 CBM
16. TOTAL NUMBER OF CONTAINERS OR PACKAGES（IN WORDS）（总件数） ONE HUNDRED CARTONS ONLY				
17. FREIGHT & CHARGES（运费） COLLECT（运费到付）	REVENUE TONS（运费吨）	RATE（运费率）　　PER（计费单位）	PREPAID（运费预付）	COLLECT（运费到付） 运费到付
PREPAID AT（预付地点）	PAYABLE AT（到付地点）	18. PLACE AND DATE OF ISSUE（出单地点和时间） 2020 年 12 月 6 日		

续表

TOTAL PREPAID（预付总金额）	19. NUMBER OF ORIGINAL BL（S）（正本提单的份数） 3份	22. SIGNED FOR THE CARRIER（承运人签章）
20. DATE（装船日期） 2020年12月6日	21. LOADING ON BOARD THE VESSEL BY（船名） HU TUO HE	中国远洋运输（集团）总公司 CHINA OCEAN SHIPPING（GROUP）CO. ××××

8. 运输

船舶 HU TUO HE 按照既定的航线，于2020年12月6日准时开航，并按照既定的航线行驶。

9. 卸货

到达目的港横滨后，卸船人将船舶所承运的货物从船上卸下。

10. 交付货物

日本医疗所派来的收货人员将提单交给中远公司在卸货港的代理人，经代理人审核无误后，签发提货单给收货人员，然后收货人员凭提货单前往码头仓库提取货物并办理交接手续。

此项业务基本完成。

应用训练

2020年12月21日，科龙（天津）自行车厂委托先达货运公司从日本横滨进口一批自行车及零件，卖方为日本户外器械株式会社，装货地点为横滨港口，接货地点为天津港口。科龙（天津）自行车厂与先达货运公司协议，采取海运集装箱装货方式运输。运费采取到付的形式，到付地点为天津港口。

货物信息：品名为 BICYCLES & PARTS（自行车及零件）；数量为200箱；规格为每箱长49 cm、宽32 cm、高19 cm；重量为每箱25 kg。

天津中远公司12月船期表如表5-4所示。

表 5-4　天津中远公司 12 月船期表

船名	航次	中国港口			日本港口		
		营口	天津（新港）	大连	东京	横滨	名古屋
HU TUO HE	604	12 月 11 日	12 月 10 日	12 月 8 日	12 月 4 日	12 月 4 日	12 月 3 日
PAN HE	737	12 月 28 日	12 月 27 日	12 月 25 日	12 月 21 日	12 月 21 日	12 月 20 日
HU TUO HE2	605	1 月 4 日	1 月 3 日	1 月 1 日	12 月 28 日	12 月 28 日	12 月 27 日
PAN HE2	738	1 月 8 日	1 月 7 日	1 月 5 日	1 月 2 日	1 月 2 日	1 月 1 日

根据以上资料，试完成海运集装箱接运（进口）业务运作流程。

任务评价

任务评价表

项　　目	内　　容	结　　果			
		非常好	较好	还不错	再加油
步骤一	确定航线				
步骤二	清楚班轮托运				
步骤三	知道租船托运				
步骤四	掌握海运业务运作流程				
综合评价					
知识掌握（3 分）	内容完整（5 分）	操作正确（2 分）		评价得分（10 分）	

拓展提升

水路货物运输相关单证

一、托运单

托运单（booking note，B/N）是托运人填写并盖章确认的、专门用于委托承运人或承运人代理人填开货运单的一种表单。表单上列有填制货运单所需的各项内容，包括：托运人、收货人、通知人、装货港、卸货港、目的港、货物品名及规格、件数及包装、唛头 / 号码、毛重、尺码（体积）、费用确认、托运人签名及盖章等。

托运单的作用有：托运单是办理货物托运订舱的凭证；托运单是船公司接受订舱、安排运输、组织装运、转运、联运等作业的依据；托运单是托运人与承运人之间运输契约的书面记录；托运单是出口货物报关的货运单据；托运单是承运人签发提单的原始依据。

二、提单

提单（bill of lading，B/L）是承运人或其代理人收到货物后，应托运人的要求出具的货物收据，也是承运人所签署的运输契约的证明，提单还代表所载货物的所有权，是一种具有物权特性的凭证。

提单的作用有：提单是货物收据；提单是运输契约证明；提单是物权凭证。

任务三 海上货物运输费用计算

任务目标

1. 知道海运费用的计算基础
2. 掌握海运费用的计算方法

任务描述

核算海上货物运输费用，是从事海上货物运输的一项基础性工作。

先达货运公司顺利完成了这次由天津到横滨的海运业务，现在李军需要计算这次业务的海运费用。

任务准备

运费的计算与货主有着十分重要的关系。但由于货物种类繁多、打包情况不同、装运方式有别，计算运费标准不一。在实践中，通常要依次对货物的装运方式、货物等级、计费标准以及附加费用等项目进行综合核算，最终确定运费。现在海上货物运输以集装箱运输为主，其他大宗散装货物（如铁矿砂等）通常会租船运输，不涉及运费的计算，因此本任务中运费计算只讲解集装箱货物海运费用的计算。

一、海运费用的计算基础

（一）确定运费单位
运费单位是指船公司用以计算运费的基本单位。运费单位通常分为两种：整箱装（full

container load，FCL）和拼箱装（less than container load，LCL）或散装。

1. 整箱装

以集装箱为运费单位。常用的有 20 英尺通用集装箱（简称 20′GP）与 40 英尺通用集装箱（简称 40′GP）两种集装箱。20 英尺集装箱的有效容积为 25 m³，限重 17.5 t，40 英尺集装箱的有效容积为 55 m³，限重 26 t。整箱装以集装箱为运费计费单位。

2. 拼箱装

拼箱是货物不足一个集装箱时采用的装箱方式。拼箱装时，以船方能收取较高运费为标准，运价表上常注记 M/W，表示船公司将就货品的重量吨或体积吨二者中择其运费较高者计算。

拼箱装时计算运费的单位如下。

（1）重量吨（weight ton）：按货物总毛重，以 1 t（1 t=1 000 kg）为一个运费吨。

（2）体积吨（measurement ton）：按货物总毛体积，以 1 m³（1 cubic meter，简称 1 MTQ、1 CBM 或 1 CUM，又称一体积吨）为一个运费吨。

（二）查询商品等级

船公司的价格表，一般根据商品的不同种类和性质，以及装载和保管的难易，而划分为若干等级。在同一航线内，由于商品的等级不同，船公司收取的基本费率是不同的。因此，商品的等级与运费的高低有很大关系。表 5-5 为国际海运部分货物等级表。

表 5-5　国际海运部分货物等级表

编号	货名	commodities	级别 class	计费标准 basis
1	医疗器械	MEDICAL & SURGICAL APPARATUS	12	W/M
2	自行车及零件	BICYCLES & PARTS	9	W/M
3	小五金及工具	HARDWARE & TOOLS，N. O. E.	10	W/M
4	陶瓷器皿	PORCELAIN & POTTERY WARE	8	M

（三）查询基本费率

按照起始港、航线、目的港、船公司和商品的等级，查询基本费率。天津至横滨等级费率表如表 5-6 所示。

表 5-6 天津至横滨等级费率表

起始港：天津（新港）Tianjin（Xingang） 单位：USD

目的港 port of destination	运费等级 class	拼箱费率1 LCL（M）	拼箱费率2 LCL（W）	包箱费率1 FCL 20'	包箱费率2 FCL 40'
日本横滨	1~7	47	60	770	1 460
	8~10	50	62	820	1 560
	11~15	52	65	870	1 650
	16~20	54	68	920	1 750

（四）确定附加费用

基本费率一般不常变动，但构成运费的各种因素经常发生变化。因此，船公司采取征收各种附加费的办法以维护其营运成本，附加费率视客观情况随时浮动。附加费主要有以下六种。

1. 燃油附加费

燃油附加费是因油价上涨，船公司营运成本增加，为转嫁额外负担而加收的费用。燃油附加费有的航线按基本费率的百分比加收，有的航线按运费吨加收一定金额。

2. 货币附加费

有时船方用以收取运费的货币贬值，致使所收到的运费低于货币贬值前所收相同金额的值，使纯收入降低，船方为弥补这部分损失，会加收货币附加费。

3. 港口拥挤费

由于装卸港港口拥挤堵塞，抵港船舶不能很快进行装卸作业，造成船舶延长停泊，增加了船期成本。船公司视港口情况的好坏，在不同时期按基本费率加收不同百分比的港口拥挤费。

4. 转船附加费

转船附加费是运往非基本港口的货物，在运输途中经转船后再运至目的港，因此而加收的费用。

5. 直航附加费

非基本港货物每港每航次货量达到或超过 1 000 运费吨时，不论船舶直航与否，均按直航计收运费，另加收直航附加费，不再加收转船附加费。

6. 港口附加费

港口附加费是由于卸货港港口费用太高或港口卸货效率低、速度慢，影响船期所造成的损失而向货主加收的费用。

另外，还有超重附加费（每件货物的毛重超过 5 t 者为超重货）、超长附加费（每件货物长度超过 9 m 时为超长货）、洗舱费（主要适用于散装油舱）、熏蒸费、选择港附加费、更改卸货港附加费等。

在计算运费时，不可忽视对附加费的计算。

二、海运费用的计算方法

在海运集装箱运费计算过程中，整箱装和拼箱装有不同的计算方法。

（一）整箱装的计算

整箱运费通常分为基本运费和附加费用两部分，总运费为基本运费和附加费用之和，最常见的附加费用是港口附加费和燃油附加费，这里将港口附加费、燃油附加费作为附加费用的代表，计算总运费。

$$基本运费 = 单位基本运费 \times 整箱数$$
$$港口附加费 = 单位港口附加费 \times 整箱数$$
$$燃油附加费 = 单位燃油附加费 \times 整箱数$$

即

$$整箱运费 = （单位基本运费 + 单位港口附加费 + 单位燃油附加费）\times 整箱数$$

（二）拼箱装的计算

拼箱运费的基本运费，分按体积计算与按重量计算两种方式。按运价本中规定的 W/M 费率分别计算出两个运费后，取其中价高者收费即可。

（1）按体积计算，X_1 = 单位基本运费（MTQ）$\times$ 总体积。

（2）按重量计算，X_2 = 单位基本运费（TNE）$\times$ 总毛重。

取 X_1、X_2 中较大的一个作为计费方式，选取其单位基本运费；然后根据选取的单位基本运费和附加费算出实际单位运价。

$$拼箱运费 = 实际单位运价 \times 运费吨$$

任务实施

业务回顾：先达货运公司李军接手的这单从天津出口到横滨的集装箱海运业务，涉及的货物信息包括：品名为 MEDICAL & SURGICAL APPARATUS（医疗器械）；数量为 100 箱；规格为每箱 20 cm × 30 cm × 40 cm；重量为每箱 25 kg。

由于这 100 箱货物的体积为 2.4 m³，重量为 2.5 t，远小于一个集装箱的容积和限重，于是李军采用拼箱运费的计算方法进行核算。

步骤一：知道海运费用的计算基础

李军开始计算这单业务的运费。

1. 查货物等级表

李军查询国际海运部分货物等级表（参见表5-5），医疗器械的计收标准为W/M，等级为12级。

2. 查等级费率表

李军打开运价本，查询天津至横滨等级费率表（参见表5-6），按等级查询基本运价。12级费率：LCL（M）=52美元，LCL（W）=65美元。

步骤二：掌握海运费用的计算方法

计算货物的体积和重量：

100箱的体积为：（20 cm×30 cm×40 cm）×100箱=2.4 m³。

按体积计算基本运费：52×2.4=124.8美元。

100箱的重量为：25 kg/箱×100箱=2.5 t。

按重量计算基本运费：65×2.5=162.5美元。

两者比较，按重量计费运费较高，中远公司收取较高者，则基本运费为162.5美元。

应用训练

从横滨运往天津一批自行车及零件共200箱，计收运费标准为W/M，每箱毛重25 kg，每箱长49 cm、宽32 cm、高19 cm，运输需加收燃油附加费10%和港口附加费10%，试计算这批货物应付多少运费。

任务评价

任务评价表

项　目	内　容	结　果			
		非常好	较好	还不错	再加油
步骤一	知道海运费用的计算基础				
步骤二	掌握海运费用的计算方法				
综合评价					
知识掌握（3分）	归纳正确（5分）	计算准确（2分）		评价得分（10分）	

拓展提升

运费与贸易术语

运费的计算与贸易商有着十分重要的关系，一笔交易按照不同的贸易方式交易，就会产生不同的交易价格。《国际贸易术语解释通则2020》中含有四个适用于水上运输方式的贸易术语，如表5-7所示。

表5-7 适用于水上运输方式的贸易术语

名称	交货地点	风险转移	保险	出口报关	进口报关
FAS 船边交货	指定装运港	交货时	买方	卖方	买方
FOB 船上交货	指定装运港	装运港船上	买方		
CFR 成本加运费	指定目的港	装运港船上	买方		
CIF 成本、保险费加运费	指定目的港	装运港船上	卖方		

任务四　内河托运业务运作及运费计算

任务目标

1. 认识内河托运
2. 学会内河托运业务运作
3. 计算内河运输费用

任务描述

内河航运是现代综合运输体系中的重要组成部分，是水资源合理开发和综合利用的主要内容之一。

近期李军被调往先达货运公司宜昌分公司，学习内河托运相关业务。2020年12月19日，公司接到了一单运输业务：在12月底前将宜昌五金集团的一批五金制品运抵长沙市，此批货物重350 t，使用35个托盘存放，每托规格为1.2 m×1 m×1 m，要求采用驳船运输。到港收货单位为长沙市五金商贸公司。作为宜昌分公司的内河运输物流员（货代员），李军将尽全力完成这批货物的运输任务。

任务准备

一、内河托运的概念及特点

（一）内河托运的概念

内河是处在一个国家之中的河流。内河托运是指使用船舶，在陆地内的江、河、湖、川等水道运送货物的一种运输方式。它是水路运输的一个组成部分，是内陆腹地和沿海地区的纽带，也是边疆地区与邻国边境河流的连接线，在现代化运输体系中起着重要的辅助作用。

（二）内河托运的特点

内河托运具有水路货物运输的特点：投资小、运量大、成本低。但它也同时受到天然航道水深不一、等级不一、通过能力小等自然条件的限制。

（三）我国内河托运的发展现状

世界上内河航道里程较长的国家有中国、俄罗斯、巴西和美国等，我国主要的内河包括长江、黄河、珠江及京杭大运河。

长江是亚洲第一大河、世界第三大河，仅次于非洲的尼罗河与南美洲的亚马孙河。长江水流量大，适合船舶通航，自古就有"黄金水道"的美称。目前，长江干线货物运输量已经超过了美国的密西西比河和欧洲的莱茵河，成为世界上内河运输最为繁忙的通航河流。长江水运发展的原因可由以下数据揭示：长江内河水运承担了沿江 85% 的煤炭、85% 的铁矿石和中上游 90% 的外贸货物的运输；长江水系完成的水运货运量占沿江全社会货运量的 20% 以上，货物周转量占 60%，因此发展十分迅猛。

为了规范国内水路运输经营行为，维护国内水路运输市场秩序，保障国内水路运输安全，促进国内水路运输业健康发展，《国内水路运输管理条例》已经在国务院第 218 次常务会议上表决通过，自 2013 年 1 月 1 日起施行，2020 年进行了修改。

二、内河托运业务运作

内河托运业务运作大体流程包括受理托运作业、装船作业、卸船作业和到达交付作业（图 5-7）。

图 5-7 内河托运业务运作流程

下面详细介绍各操作流程。

（一）受理托运作业

发货人（货主）在托运货物时，应按要求填写货物托运单给货运代理人，以此作为货物托运的书面申请。货物托运单根据受理途径的不同，可分为直接受理、电话受理、传真受理和网上受理。

货运代理人在接到托运单后，应进行认真审核。审核无误便可与承运人约定船期。约定船期后，货运代理人应及时办理港口货物运输所需的各项手续，并将已办理各项手续的单证送交承运人。因货运代理人办理各项手续和有关单证不及时、不完备或者不正确，造成承运人损失的，货运代理人应当承担赔偿责任。

（二）装船作业

装船作业时，承运人派人看舱，指导港口作业人员按计划的装货顺序、部位装舱，堆码整齐。装船时做到大票分隔、小票集中，每一大票货物接单装船、一票一清，同一收货人的几票货物集中在一起装船，装船开始至终了，承运人应指导港口作业人员做好垫隔工作。

装船后，承运人签发运单给货运代理人。

（三）卸船作业

货运代理人传一份签发后的运单给收货人，并通知其做好接运提货的准备工作。船舶到达目的港口，港口作业人员按实际装载顺序卸船，将货物存放至卸进港区仓库，等待收货人提货。

（四）到达交付作业

在卸进港区，收货人凭运单提取货物。承运人核对提单无误，与收货人当面核对货物数量和质量，并进行交接，双方在运单上签章。收货人也可选择在船边直接提取货物，与承运人完成货物交付手续。

三、我国内河运输费用计算

由于自然条件和地理位置的不同，国际海运与内河航运在航行成本上存在着显著差别。内河运价的制定各地有不同的规定。内河运费受到航区、货物等级、航行距离等多方面的影响。其具体计费流程如下：确定货物运价等级→确定运价里程→确定计费的单位→确定运价率→计算运费。

（一）确定货物运价等级

内河货物等级划分中，不同部门制定的货物等级不一样，我国沿海（包括北方沿海、华南沿海）、长江、黑龙江及部分地方航区采用 10 级分类制。使用过程中，不同地区的货物等级，需要根据各自适用范围的运价规则，查找货物运价分级表，查找相应的运价等级。长江中游航区部分货物运价分级表如表 5-8 所示。

表 5-8 长江中游航区部分货物运价分级表

编号	货名	级别	计费标准
1	棉布	1	W/M
2	五金制品	5	W
3	木材	4	W/M

（二）确定运价里程

运价里程是指由水运主管部门统一颁布的为计算水路运费而特设的里程。它不同于实际里程和航行里程，运价里程比较稳定，不得任意更改，只有在航道或港区发生永久性变化时，才由水运主管部门统一修订。

运输起始点与终点之间的距离，按公布的水运运价里程表确定相应的里程。长江中游航区运价里程表如表 5-9 所示。

表 5-9 长江中游航区运价里程表

单位：km

宜昌							
56	枝城						
148	92	长沙市					
313	257	165	监利				
395	339	247	82	城陵矶			
447	391	299	134	52	洪湖		
626	570	478	313	231	179	汉口	
658	602	510	345	263	211	32	阳逻

（三）确定计费的单位

水运货物计费单位分为重量吨（W）和体积吨（M）两种。重量吨按货物的毛重，以 1 000 kg 为 1 重量吨；体积吨按货物的"满尺丈量"的体积，以 1 m³ 为一体积吨。在货物运价分级表中，计费单位为"W"的按重量吨计费，计费单位为"M"的按体积吨计费。

计费单位为"W/M"的货物，按货物的重量吨和体积吨两种方法计算运费，两值中取较大值作为实际运费。

（四）确定运价率

某一个航区内航行成本随着运输距离的增加而同步增长，也会随着运输的货物种类的不同而产生不同的运价率。内河航运的运价率可查询各个航区内的运价率表，长江中游航区部分货物运价率表如表 5-10 所示。

表 5-10　长江中游航区部分货物运价率表

单位：元/t

里程/km	一级	二级	三级	四级	五级	六级	七级	八级	九级	十级
130	12.22	12.83	13.47	14.15	16.37	18.95	26.49	15.28	10.39	7.33
140	12.66	13.3	13.96	14.66	19.97	19.65	27.46	15.82	10.76	7.59
150	13.12	13.78	14.47	15.19	17.58	20.35	28.45	16.4	11.15	7.87

（五）计算运费

内河运输费用的计算公式为

$$内河运输费用 = 计费吨 \times 相应运价率$$

按此公式可计算出内河运输费用。

任务实施

业务回顾：2020 年 12 月 19 日，宜昌五金集团委托托运一批五金制品到长沙市，买方为长沙市五金商贸公司，接货地点为长沙市港口仓库，要求采用驳船运输。此批货物重 350 t。使用 35 个托盘存放，每托规格为 1.2 m×1 m×1 m。

李军开始办理接单后的一切手续。有了之前的集装箱海运业务运作经验，李军对这项内河运输业务轻车熟路。

步骤一：认识内河托运

李军首先对内河托运相关知识做了简单了解。他认识到内河托运是水路运输的重要组成部分，在现代化运输体系中起着重要的辅助作用。

根据宜昌五金集团的货物运输起止点、运量、时间要求等，可选择长江货运，委托中运公司进行内河货物运输。

步骤二：学会内河托运业务运作

李军开始按照内河托运流程，进行内河运输业务运作。

1. 受理托运作业

李军要求宜昌五金集团首先填写一份货物托运单，作为货物托运的书面凭证。

李军在接到填写了基本信息的托运单后，进行了认真的审核。审核无误便与中运公司约定船期。他查阅了中运公司 12 月船期表（表 5-11），发现刚好有适宜的航次可供选择，于是他确定选择中运公司船名为中海 588、航次为 1225 W 的航线，发船日期为 2020 年 12 月

24 日，当天装船。

表 5–11　中运公司 12 月船期表

船名	航次	宜昌	长沙	监利	洪湖
永裕 016	1223 W	12 月 10 日	12 月 12 日	12 月 13 日	12 月 15 日
永裕 018	1224 W	12 月 17 日	12 月 19 日	12 月 20 日	12 月 22 日
中海 588	1225 W	12 月 24 日	12 月 26 日	12 月 27 日	12 月 29 日

李军与中运公司约定船期后，及时到港口办理了货物运输所需的各项手续，并将已办理各项手续的水路货物运单（表 5–12）送交中运公司。

表 5–12　中远公司水路货物运单
2020 年 12 月 19 日

交接清单号码：_____　　　　　　　　　　运单号码：___20201219001___

船名 中海 588 航次 1225 W		起运港	宜昌港口	到达港	长沙市港口		到达日期 12 月 26 号 承运人章			收货人（章）		
托运人	全称	宜昌五金集团	收货人	全称	长沙市五金商贸公司							
	地址、电话			地址、电话								
	银行、账号			银行、账号								
发货符号	货号	件数	包装	价值	托运人确定		计费重量		等级	费率	金额	应收费用		
					重量（吨）	体积（立方米）	重量（吨）	体积（立方米）				项目	费率	金额
		35	托盘		350	42						运费		
												装船费		
合计		35	托盘		350	42								
运到期限（或约定）								托运人 宜昌五金集团（公章） 月　日			总计		
											核算员		

特约事项		承运日期 2020 年 12 月 24 日 起运港承运人章	复核员	

2. 装船作业

在港口进行装船作业时，中运公司派人看舱，指导港口作业人员按计划的装货顺序、部位装舱，堆码整齐，并做好垫隔工作。

待装船后，中运公司人员在托运单上签字，确认货物已经接收装船，并将单据转给李军。

3. 卸船作业

李军传其中一份签发后的运单交给长沙市五金商贸公司，并通知其船舶预计将于 12 月 26 日抵达长沙市港口，请其做好接运提货的准备工作。

12 月 26 日船舶到达长沙市港口，港口作业人员按实际装载顺序卸船，并将这批五金制品存放至卸进港区仓库，等待长沙市五金商贸公司前来提货。

4. 到达交付作业

在卸进港区，长沙市五金商贸公司的人员凭运单提取货物。中运公司人员核对提单无误，与长沙市五金商贸公司的人员当面核对货物数量和质量，之后进行交接，双方在运单上签章。

步骤三：计算内河运输费用

交易完成后，李军想尝试计算这单业务的运费。

1. 确定货物运价等级

李军查询长江中游航区部分货物运价分级表（参见表5-8），找到五金制品，其等级为 5 级。

2. 确定运价里程

此次内河托运是由宜昌到长沙市，李军查询长江中游航区运价里程表（参见表5-9），两个港口间用于计算运价的里程为 148 km。

3. 确定计费的单位

李军查询长江中游航区部分货物运价分级表（参见表5-8），找到五金制品，其计费标准为 W。故此次货运以重量吨（W）为计费单位计费。且已知此批货物重 350 t，即 350 重量吨。

4. 确定运价率

由于此次内河托运位于长江中游航区，李军查询长江中游航区部分货物运价率表（参见表 5-10）。148 km 运价里程取整，参考 150 km 查询运价率，等级为 5 级的货物，运价率为 17.58 元 /t。

5. 计算运费

$$内河运输运费 = 计费吨 \times 相应运价率 = 350 \times 17.58 = 6\ 153（元）$$

这批五金制品走长江航运由宜昌运至长沙市的运费为 6 153 元人民币。

应用训练

2020 年 12 月 28 日，湖北省荆州市监利县纺织厂委托先达货运公司，将一批棉布运到洪湖，此批棉布重 80 t，体积为 120 m³，要求采用驳船运输，2021 年 1 月 10 日前运到。到港收货单位为洪湖市纺织商贸公司。船期参见表 5-11。

根据资料，试完成内河托运业务运作流程，并计算运费。

任务评价

任务评价表

项 目	内 容	结 果			
		非常好	较好	还不错	再加油
步骤一	认识内河托运				
步骤二	学会内河托运业务运作				
步骤三	计算内河运输费用				
综合评价					
资料准备（2 分）	知识掌握（5 分）	计算准确（3 分）		评价得分（10 分）	

拓展提升

新形势下江苏省内河港发展规划

内河港口是现代综合交通运输体系的重要组成部分。近年来，交通强国、长江经济带等国家战略的实施和"一带一路"倡议的提出，要求加强内河港口与沿江沿海港口的衔接，进一步增强对内对外、东西双向开放服务功能。

江苏省共有 13 个内河港口（指除沿海、沿江以外的内陆港口）。其中，徐州港、无锡内河港为国家主要港口，苏州内河港、常州内河港、淮安港、宿迁港、扬州内河港和镇江内河港为地区性重要港口，盐城内河港、连云港内河港、泰州内河港、南通内河港和南京内河港为一般港口。截至 2018 年年底，江苏省内河港口共有生产性泊位 4 132 个，综合通过能力6.1 亿 t，完成货物吞吐量 4.8 亿 t，完成集装箱吞吐量 34.64 万 TEU，内河港口货物吞吐量位居全国省级内河港口首位，占全省港口货物吞吐总量的 18.4%，占全国内河港口货物吞吐量 10% 以上。京杭运河沿线 8 个港口完成货物吞吐量 3.6 亿 t，占江苏内河港口货物吞吐总量的 75%。江苏内河港口在国家战略物资运输、服务地区经济社会发展、新型城镇化建设和综合交通运输体系构建等方面都发挥了重要作用。

根据《江苏省内河港口布局规划（2017—2035 年）》，全省内河港口划分为主要港口、地区性重要港口和一般港口三个层次。徐州港、无锡内河港为主要港口，苏州内河港、淮安港等京杭运河沿线港口为地区性重要港口，其他为一般港口。其中，苏州内河港和淮安港具备发展成主要港口的条件，可以发挥主要港口的功能和作用。江苏内河港口应不断完善港口布局，加强顶层设计。在规划布局上，建议重点推进以下三个方面。

（1）完善内河集装箱码头布局。加快形成以淮安港、无锡内河港、徐州港、苏州内河港四大港口为重点，以宿迁港、盐城内河港、南通内河港、常州内河港等为补充的内河集装箱港口布局。

（2）优化大宗物资运输专业化码头布局。结合煤电能源布局，重点发展徐州顺堤河、双楼、新邳州、镇江陵口、常州奔牛、无锡石塘湾、连云港中云台、盐城大丰海港内河等专业化作业区；结合冶金产业布局，重点发展徐州双楼、淮安新港、苏州高新、连云港中云台等铁矿石专业化作业区；结合矿建材料生产和需求分布等情况，重点在内河京杭运河、丹金溧漕河、芜申线沿线的矿建材料运输枢纽节点建设矿建材料码头。

（3）完善港口多元功能布局。推动港口多式联运功能布局，突出发展具备铁公水联运功能、江海河联运功能的作业区。突出布局具备港产园联动功能的作业区，加强港口与产业（物流）园区和城市的联动发展，引导内河港口集约化、规模化、绿色化发展。

水路货物运单

水路货物运单主要适用于江、海干线和跨省运输的水路货物运输，它可以作为货物运输合同，以确定承托双方的权利义务关系。水路货物运单一式六联。顺序为：第一联：货票（起运港存查联）。第二联：货票（解缴联）。第三联：货票（货运人收据联）。第四联：货票（船舶存查联）。第五联：货票（收货人存查联）。第六联：货物运单（提货凭证）。

水路货物运单的抬头均印刷或填写承运人名称。水路货物运单第六联用厚纸印刷，其余五联均用薄纸印刷；印刷墨色分别为：第二联（解缴联）为红色，第三联（收据联）为绿色，其他联为黑色。危险货物运单第六联用红色纸印刷。水路货物运单规格为长 19 cm、宽 27 cm。

专项法规拓展

1.《国内水路运输管理规定》(交通运输部令 2020 年第 4 号，2020 年 5 月 1 日起施行)

2.《中华人民共和国航道管理条例》(国务院令第 545 号修订，2009 年 1 月 1 日起施行)

3.《中华人民共和国国际海运条例》(国务院令第 709 号修订，2019 年 3 月 2 日起施行)

建议：可上网查询细则，应用学习。

项目六　多式联运业务

任务一　理解多式联运

任务目标

1. 认识多式联运
2. 清楚多式联运的经营条件
3. 知道多式联运业务组织

任务描述

南宁市大兆药业有限责任公司（托运人）业务部胡力委托广西瑞丰德运输有限公司（承运人）业务部张枫将肝乐宝等药品运送到海南省三亚市春光路××号的三亚市鸣里医药中心，要求 4 天内以最经济的运输方式送达。

胡力向张枫提出了要求，要尽量节省运输成本。从广西南宁到海南三亚，有海水相隔，该怎么走？张枫认为全程走公路运输成本太高，建议使用公路和水路两种方式联合运输。这就是简单的国内联合运输的形式。过海通常有两处便利的选择，一是海安—海口，二是北海—海口。海安—海口行船时间约一个半小时，海口港除了实行 24 小时滚动发班制外，还开通了定点航班，海口港从早上 9:30 开始到凌晨 1:00，海安港从上午 11:00 至凌晨 2:30，每隔一段时间就会有定点航班起航。船次比较多，这样时间上安排会比较方便。北海—海口的船每天都有，18:00 开船，次日早上 6:00 到海口，船次比较少。

任务准备

一、多式联运

联合运输简称联运，又称多式联运，是相对于一般运输来讲的。多式联运即多种运输方式的联合运输（图 6-1）。单一地采用不同运输工具或同类运输工具而没有形成有机协作关系的为一般运输，如汽车运输、航空运输等。联合运输分国内多式联运和国际多式联运。

图 6-1　多式联运

（一）国内多式联运

国内多式联运一般是以某种运输方式为主，其他运输方式为辅，完成从起运点到交付点的运输方式，如以铁路为主、以公路和水路为辅的联运，以长江水路为主、以铁路和公路为辅的联运等。

国内多式联运的产生源于第三方物流企业的服务要满足客户需求的理念，是为满足客户"门到门"的服务需求而开发的服务产品。目前国内很多大型物流企业都能提供这类服务。

（二）国际多式联运

国际多式联运是指按照多式联运合同，以至少两种不同的运输方式，由多式联运经营人将货物从一国境内接管货物的地点运至另一国境内指定交付货物的地点。其优势表现为以下几点。

1. 手续简便

在多式联运方式下，无论货物运输距离多遥远，无论使用几种不同运输方式，也无论全程运输途中转换多少次不同的运输方式，从发货地到收货地所有一切运输事宜，都由多式联运经营人负责办理。货主只需要一次托运、一次付费、一次保险，便可凭多式联运单据向银行结汇，收货人则凭多式联运单据向多式联运经营人或其代理人提取货物。与传统的分段联运相比，这种方式手续简便，极大地方便了货主。

2. 减少中间环节，缩短货运时间，安全可靠，提高货运质量

多式联运是在集装箱运输基础上发展起来的一种现代化运输组织方式。目前多式联运大多数是集装箱运输，货物虽然经过长途运输和多次装卸转运，但都不需要掏箱和换装，从发货地直至收货地，货物一直被密封在集装箱内，从而使得货损、货差、被盗等大大减少。同

时，由于有多式联运经营人对全程运输负责，可大大减少全程运输中的中间环节，提高全程货运的速度。因此多式联运可以更安全可靠地完成全程运输。

3. 提早结汇

正常海洋运输必须凭已装船提单向银行要求结汇，在多式联运方式下，发货人将货物交多式联运经营人或其代理人后，通常可凭其签发的多式联运单据结汇，这对从内地发货的货主来说，可以提早结汇，加快资金周转，提高资金使用效率。

4. 统一理赔

在分段联运方式下，由于各区段承运人只对本区段运输负责，因此一旦发生货损、货差，货主必须向参加联运的几个承运人索赔。而在多式联运方式下，无论货损、货差发生在哪一运输区段，均由多式联运经营人负责统一理赔，并直接向货主进行赔偿。

5. 实现合理化综合运输

从整个运输体系看，分段联运颇为复杂，各区段承运人各自为政、自成体系，它们不对全程运输负责，经营的业务范围受到限制，货运量相应也是有限的。而在多式联运方式下，由于多式联运经营人负责对全程联运的经营，并对全程运输负责，凭借其熟练的业务操作能力、技术能力和在世界各地的业务网点，多式联运经营人可以在一定范围内，将海陆空等各种不同运输方式有机地连接起来，选择最佳的运输线路，最大限度地发挥其现有设备的作用，形成既分工又协作的有机整体，从而实现合理化综合运输，充分体现社会化大生产的优势，获得规模经济效益。

二、多式联运的经营条件

（一）必须订立多式联运合同

在多式联运中，多式联运经营人必须与托运人订立多式联运合同，多式联运经营人凭该合同收取全程运费，使用两种或两种以上不同运输工具，负责组织完成货物全程运输。在多式联运中，无论实际运输有几个区段，也无论有几种不同运输方式，均只需订立一份合同——多式联运合同。托运人只与多式联运经营人有业务和法律上的关系，至于各区段实际承运人，托运人不与他们发生任何业务和法律上的关系。

（二）必须由多式联运经营人对全程运输负责

按照多式联运合同，多式联运经营人必须对从接货地至交货地的全程运输负责，货物在全程运输中的任何实际运输区段的灭失损害以及延误交付，均由多式联运经营人以本人身份直接负责赔偿。

（三）必须是两种或两种以上不同运输方式组成的连贯运输

多式联运是至少两种不同运输方式的连贯运输，如海铁联运、海公联运、海空联运等，其中的水路运输又以海上运输为主，因此常见海陆联运、海空联运等说法。判断一个联运是否为多式联运，不同运输方式的组成是一个重要因素。例如，目前许多船公司开展的海海联运，由契约承运人签发全程联运提单，对全段运输负责，通过一程船、二程船的接力形式，将货物从起运港运至最终目的港，但这种联运只使用了一种运输方式——海上运输，因此不属于多式联运的范畴。

（四）必须签发多式联运单据

多式联运经营人作为多式联运的总负责人，在接管货物后必须签发多式联运单据，从发货地直至收货地，一单到底，发货人凭多式联运单据向银行结汇，收货人凭多式联运单据向多式联运经营人或其代理人提领货物。

（五）必须是单一的运费率

水陆空各种单一运输方式的成本不同，因而其运费率也不同。在多式联运中，尽管组成多式联运的各运输区段运费率不同，但托运人与多式联运经营人订立的多式联运合同中的运费率是单一的，即以单一运费率结算从接货地至交货地的全程运输费用，从而大大简化了货物运费的计算。

三、多式联运业务组织

（一）海陆联运

海陆联运是多式联运的主要组织形式，也是远东—欧洲多式联运的主要组织形式之一。目前组织和经营远东—欧洲海陆联运业务的主要有班轮公会的三联集团、北荷、冠航和丹麦的马士基等国际航运公司，以及非班轮公会的中国远洋运输公司和德国那亚航运公司等。图6-2为海陆联运/陆海联运实例。

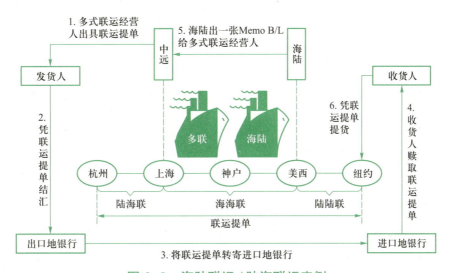

图6-2　海陆联运/陆海联运实例

海陆联运以航运公司为主体，签发联运提单，与航线两端的内陆运输部门开展联运业务，与陆桥运输展开竞争。

（二）陆桥运输

在多式联运中，陆桥运输起着非常重要的作用。它是远东—欧洲、远东—北美国际多式联运的主要形式。陆桥运输是指采用集装箱专用列车或卡车，把横贯大陆的铁路或公路作为中间"桥梁"，使大陆两端的集装箱海运航线与专用列车或卡车连接起来的一种连贯运输方式。严格来讲，陆桥运输也是一种海陆联运形式。只是因为其在国际多式联运中的独特地位，故在此将其单独作为一种运输组织形式。

目前，远东—欧洲、远东—北美的陆桥运输线路有西伯利亚大陆桥和北美大陆桥。

（三）海空联运

海空联运又被称为空桥运输。在运输组织方式上，空桥运输与陆桥运输有所不同：陆桥运输在整个货运过程中使用的是同一个集装箱，不用换装，而空桥运输的货物通常要在航空港换入航空集装箱。不过两者的目标是一致的，即以低费率提供快捷、可靠的运输服务。目前，国际海空联运线主要有以下几条。

（1）远东—欧洲：目前，远东与欧洲间的航线有以温哥华、西雅图、洛杉矶为中转地的，也有以香港、曼谷、符拉迪沃斯托克为中转地的。此外，还有以旧金山、新加坡为中转地的。

（2）远东—中南美：近年来，远东至中南美的海空联运发展较快，因为此处港口和内陆运输不稳定，所以对海空运输的需求很大。该联运线以迈阿密、洛杉矶、温哥华为中转地。

（3）远东—中近东、非洲、澳洲：以香港、曼谷为中转地至中近东、非洲、澳洲。

任务实施

步骤一：认识多式联运

胡力听了张枫的建议，对多式联运产生了浓厚兴趣，原来运输业务还可以这么做，这样有效地帮助企业节约了费用。通过张枫的介绍，胡力了解了多式联运，认为未来国际运输发展，多式联运将是一个很好的方向。

步骤二：清楚多式联运的经营条件

张枫在向胡力推荐多式联运方式后，进一步向胡力解释了多式联运的特殊性，不是所有的货运单位都能承接多式联运业务。多式联运比较复杂，要把联与运有机结合，不具备一定规模的物流公司是无法承接此类业务的。

并非所有的铁路运输和海洋运输的联合业务都是多式联运业务，必须具备五大条件。

步骤三：知道多式联运业务组织

胡力想知道像广西瑞丰德运输有限公司这样的运输公司都从事哪些多式联运业务。张枫为其做了详细解释。

目前，国内多式联运以零担货物集结和代办中转为主。国际多式联运多为海陆联运、陆桥运输和海空联运。

应用训练

1. 参照任务描述，如何使得这笔国内联合运输业务责任统一明确、手续简化便捷、成本降低、费用节约、运输效率提高？张枫提出的方案有多种，可是胡力所在公司要求的时间较紧，能满足时间要求的方案是：第一区段南宁—海安港采取公路运输方式；第二区段海安港—海口（秀英港或新港均可）采取水路运输方式；第三区段海口—三亚采取公路运输方式完成。请分析这一方案是否合理。

2. 请解说图 6-3 所示的海海联运实例。

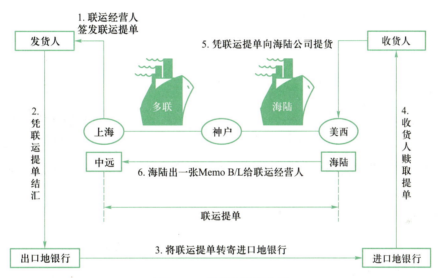

图 6-3　海海联运实例

任务评价

任务评价表

项　目	内　容	结　果			
		非常好	较好	还不错	再加油
步骤一	认识多式联运				
步骤二	清楚多式联运的经营条件				
步骤三	知道多式联运业务组织				
综合评价					
资料准备（3分）	知识掌握（5分）		语言表述（2分）		评价得分（10分）

多式联运经营人

多式联运经营人是指其本人或通过其代表与托运人订立多式联运合同的任何人，他不是发货人的代理人或代表，或参加多式联运的承运人的代理人或代表，而是事主，负有履行合同的责任。

在订立合同后，多式联运经营人往往把部分运输区段或全部运输区段的运输任务委托各区段实际承运人去完成，自己并不参加某区段的实际运输或不参加任何区段的实际运输。各区段承运人只对多式联运经营人负责，而多式联运经营人必须对多式联运全程负责。

多式联运经营人应具备以下必要条件。

1. 订立多式联运合同

多式联运经营人必须与托运人订立多式联运合同，据以收取全程运费并负责履行合同。根据多式联运的定义，在合同中应至少使用两种不同运输工具连贯地完成货物运输。

2. 接货后即签发多式联运单据

多式联运经营人或其代表从发货人手中接管货物时，即签发多式联运单据，并对所接管的货物开始负有责任。

3. 按合同规定将货物交指定的收货人或多式联运单据持有人

多式联运经营人应承担合同规定的与运输和其他服务有关的责任，如组织不同运输工具的运输和转运，办理过境国的海关手续，货物在运输全程中的保管、照料等，并保证将货物交多式联运单据指定的收货人或多式联运单据的持有人。

4. 有足够的赔偿能力

对多式联运全程运输中所发生的货物灭失、损害或延误交付，多式联运经营人应首先负责对货主进行直接赔偿，因此多式联运经营人必须有足够的赔偿能力。当然如果货损事故为实际区段承运人的过失所致，多式联运经营人在直接赔偿后拥有向其追偿的权利。

5. 有相应的技术能力

多式联运经营人应具备与多式联运所需相应的技术能力，包括拥有多式联运必需的业务网点和专业技术人员，能保证自己签发的多式联运单据的流通性。

任务二　多式联运业务运作

1. 设计多式联运方案
2. 掌握多式联运业务流程
3. 学会填写多式联运单据

南宁市大兆药业有限责任公司业务部胡力委托广西瑞丰德运输有限公司业务部张枫将肝乐宝等药品运送到海南省三亚市春光路××号的三亚市鸣里医药中心，要求4天内以最经济的方法送达。张枫接受委托后，立即着手相关工作。

一、多式联运方案设计

多式联运方案设计是指多式联运经营人针对客户的运输需求，运用系统理论和运输管理的原理和方法，合理地选择运输方式、运输工具与设备、运输路线以及货物包装与装卸等过程。

（一）多式联运方案设计的影响因素

（1）货物特征。

（2）运输与装卸搬运特征。

（3）储运保管特征。

（4）客户其他要求。

（二）多式联运方案的设计内容与程序

多式联运方案的设计内容与程序如图6-4所示。

多式联运方案设计包括以下几个方面的内容。

（1）运输方式的选择。

（2）运输工具与设备的选择。运输工具与设备的选择包括以下几项。

① 运输工具的选择。

② 装卸搬运设备的选择。

③ 集装箱的选择。

④ 运输包装的设计。

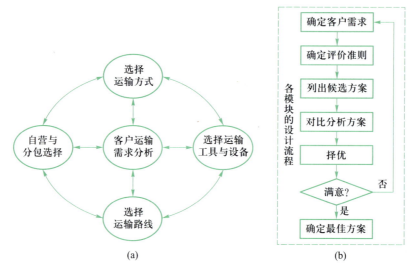

图 6-4 多式联运方案的设计内容与程序

（3）运输路线的选择。运输路线的选择应注意以下三点。

① 运输路线选择与运输方式选择的协同。

② 注重装卸地点的选择。

③ 注重不同装货量的拼装，以实现集运、拼装模式，从而影响运输路线选择。

（4）自营与分包的选择。

以上选择都是在客户运输需求分析的基础上做出的。多式联运方案各模块的设计流程如图 6-4（b）中的所示。

二、多式联运业务流程

多式联运经营人从事多式联运业务的流程如图 6-5 所示。

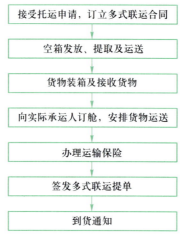

图 6-5 多式联运业务流程

三、多式联运单据

（一）多式联运单据的作用

在多式联运方式下，多式联运经营人在接管货物时，应由本人或其代理人签发多式联运单据。在多式联运中，虽然一票货物由多种不同运输方式、多个实际区段承运人共同完成运输，但从接货地至交货地使用一张货运单证——多式联运单据。

多式联运单据与海运提单作用相似，主要有以下几点。

（1）多式联运单据是多式联运合同的证明。

（2）多式联运单据是多式联运经营人收到货物的收据。

（3）多式联运单据是收货人据以提货的物权凭证。

（二）多式联运单据的主要内容

多式联运单据是发货人、多式联运经营人、收货人等当事人货物交接的凭证，多式联运单据的内容应准确、完整，其主要有以下几方面内容。

（1）货物的名称、种类、件数、重量、尺寸、包装等。

（2）多式联运经营人的名称和主要经营场所。

（3）发货人、收货人的名称。

（4）多式联运经营人接管货物的地点、日期。

（5）多式联运经营人交付货物的地点和约定的时间或期限。

（6）表示多式联运单据可转让或不可转让的声明。

（7）多式联运经营人或其授权人的签字。

（8）有关运费支付的说明。

（9）有关运输方式和运输线路的说明。

（10）在不违反多式联运单据签发国法律的前提下，双方同意列入的其他事项。

多式联运单据一般都列明上述内容，但如果缺少其中一项或几项，只要所缺少的内容不影响货物运输和当事人的利益，多式联运单据仍具有法律效力。

（三）多式联运单据的签发

多式联运经营人在接收货物后，凭发货人持有的货物收据签发多式联运单据，并应发货人的要求签发可转让或不可转让多式联运单据。

在签发可转让的多式联运单据时，有以下注意事项。

（1）应列明按指示交付或向持有多式联运单据的人交付。

（2）如列明按指示交付，须经背书后才能转让。

（3）如列明向多式联运单据持有人交付，无须背书即可转让。

（4）如签发一套数份正本多式联运单据，应注明正本的份数。

（5）对于签发的任何副本多式联运单据，应在每一份副本上注明"副本不可转让"字样。

在签发不可转让多式联运单据时，应在单据的收货人一栏内载明收货人的具体名称，并注明"不可转让"字样。货物抵达目的地后，多式联运经营人只能向多式联运单据中载明的收货人交付货物。

如果签发数份多式联运单据正本，多式联运经营人只要按其中一份正本交付货物后，便完成向收货人交货的义务，其余各份正本自动失效。

（四）多式联运单据的证据效力与保留

多式联运单据一经签发，除非多式联运经营人在单据上做了批注，否则多式联运单据具有以下证据效力。

（1）多式联运单据是多式联运经营人收到货物的初步证据。

（2）多式联运单据证明多式联运经营人对货物的责任已经开始。

（3）可转让的多式联运单据对善意的第三方是最终证据，多式联运经营人提出的相反证据无效。

如果多式联运经营人或其代表在接收货物时，对于货物的品种、数量、包装、重量等内容有合理的怀疑，而又无合适方法进行核对或检查，多式联运经营人或其代表可在多式联运单据中做出批注，注明不符的地方、怀疑的根据等。相反，如果多式联运经营人或其代表在接收货物时未在多式联运单据上做出任何批注，则应视为所接收的货物外表状况良好，并应在同样的状态下将货物交付收货人。

（五）多式联运单据签发的时间和地点

多式联运单据一般是在多式联运经营人收到货物后签发的。由于联运的货物主要是集装箱货物，因此，经营人接收货物的地点一般可能是：集装箱码头、内陆港堆场、工厂或仓库、集装箱货运站等。收货地点不同，多式联运经营人签发的地点、时间也不同，承担的责任也不同，具体有以下几种情况。

（1）在工厂或仓库收货后签发多式联运单据。

（2）在集装箱货运站收货后签发多式联运单据。

（3）在内陆港或码头堆场收货后签发多式联运单据。

任务实施

步骤一：设计多式联运方案

第一，张枫在分析胡力所在公司的货物情况及地理位置后，为其设计了几套多式联运方案。

通过对方案设计影响因素的分析，胡力认识到张枫设计的方案非常有针对性，进而对广西瑞丰德运输有限公司充满了信心。

第二，安排多式联运运作环节。

（1）确定多式联运路线和运输方式。

（2）多式联运经营人与分包方签订分包合同。

（3）出运地作业。联系处理包括提箱、装箱、拼箱等作业。

（4）货物运输途中作业。其包括货物的跟踪监管、信息反馈、费用计算、集装箱跟踪、租箱等作业。

（5）目的地作业。联系处理包括卸箱、拆箱、还箱等作业。

（6）货运事故索赔与理赔等。

张枫提醒胡力，了解多式联运流程很重要，这样可以帮助客户掌握货物货运信息，处理相关事宜。

第三，解释多式联运费用的构成。

由于多式联运涉及面广、费用复杂，张枫向胡力解释了多式联运费用的构成。多式联运费用主要包括运输总成本、经营管理费和经营利润。

（1）运输总成本。其包括集疏运费、港口费、海运运费、集装箱租赁费和保险费等。

（2）经营管理费。其包括多式联运经营人与发货人、各派出机构、代理、实际承运人之间的单证传递费、通信费、单证成本和制单手续费等。

（3）经营利润。其指多式联运经营人预期从该线路的联运中获得的毛利润。

清楚了费用构成，胡力理解了为什么采用多式联运要比选择单纯的公路运输更适合。

步骤二：掌握多式联运业务流程

1. 订立多式联运合同

胡力对张枫制订的多式联运方案非常满意，同时胡力要求广西瑞丰德运输有限公司出示工商营业执照、多式联运经营人资格证书、广西铁路局铁路货运代理协议、船运代理协议等相关证件。在审查确认没有任何问题后，双方签订以下多式联运合同。

多式联运合同

甲方：南宁市大兆药业有限责任公司（托运人）　乙方：广西瑞丰德运输有限公司（承运人）

法定代表人：＿＿＿＿＿＿＿＿＿＿　　　　法定代表人：＿＿＿＿＿＿＿＿＿＿

法定地址：＿＿＿＿＿＿＿＿＿＿＿　　　　法定地址：＿＿＿＿＿＿＿＿＿＿＿

邮编：＿＿＿＿＿＿＿＿＿＿＿＿＿　　　　邮编：＿＿＿＿＿＿＿＿＿＿＿＿＿

经办人：＿＿＿＿＿胡力＿＿＿＿＿　　　　经办人：＿＿＿＿＿张枫＿＿＿＿＿

联系电话：＿＿＿＿＿＿＿＿＿＿＿　　　　联系电话：＿＿＿＿＿＿＿＿＿＿＿

传真：＿＿＿＿＿＿＿＿＿＿＿＿＿　　　　传真：＿＿＿＿＿＿＿＿＿＿＿＿＿

银行账户：＿＿＿＿＿＿＿＿＿＿＿＿　　　　　　银行账户：＿＿＿＿＿＿＿＿＿＿＿＿

甲乙双方经过友好协商，就办理甲方货物多式联运事宜达成如下合同：

1. 甲方应保证如实提供货物名称、种类、包装、件数、重量、尺码等货物状况，由于甲方虚报给乙方或者第三方造成损失的，甲方应承担损失。

2. 甲方应按双方商定的费率在交付货物＿＿＿＿＿＿天之内将运费和相关费用付至乙方账户。甲方若未按约定支付费用，乙方有权滞留提单或者留置货物，进而依法处理货物以补偿损失。

3. 托运货物为特种货或者危险货时，甲方有义务向乙方做详细说明。未做说明或者说明不清的，由此造成乙方的损失由甲方承担。

4. 乙方应按约定将甲方委托的货物承运到指定地点，并应甲方的要求，签发联运提单。

5. 乙方自接货开始至交货为止，负责全程运输，对全程运输中乙方及其代理或者区段承运人的故意或者过失行为而给甲方造成的损失负赔偿责任。

6. 乙方对下列原因所造成的货物灭失和损坏不负责任：

（1）货物由甲方或者代理人装箱、计数或者封箱的，或者装于甲方的自备箱中。

（2）货物的自然特性和固有缺陷。

（3）海关、商检、承运人行使检查权所引起的货物损耗。

（4）天灾，包括自然灾害，如雷电、台风、地震、洪水等，以及意外事故，如火灾、爆炸、由于偶然因素造成的运输工具的碰撞等。

（5）战争或者武装冲突。

（6）抢劫、盗窃等人为因素造成的货物灭失或者损坏。

（7）甲方的过失造成的货物灭失或者损坏。

（8）罢工、停工或者乙方雇用的工人劳动受到限制。

（9）检疫限制或者司法扣押。

（10）非由于乙方或者乙方的受雇人、代理人的过失造成的，而是其他原因导致的货物灭失或者损坏，对于第（7）项免除责任以外的原因，乙方不负举证责任。

7. 货物的灭失或者损坏发生于多式联运的某一区段，乙方的责任和赔偿限额，应该适用该区段的法律规定。如果不能确定损坏发生区段的，应当使用调整海运区段的法律规定，不论是根据国际公约还是根据国内法。

8. 对于逾期支付的款项，甲方应按每日万分之五的比例向乙方支付违约金。

9. 由于甲方的原因（如未及时付清运费及其他费用而被乙方留置货物或滞留单据或提供单据迟延而造成货物运输延迟）所产生的损失由甲方自行承担。

10. 合同双方可以依据《中华人民共和国民法典》的有关规定解除合同。

11. 乙方在运输甲方货物的过程中应尽心尽责，对于因乙方的过失而导致甲方遭受的损失和发生的费用承担责任,以上损失不包括货物因延迟等原因造成的经济损失。在任何情况下,乙方的赔偿责任都不应超出每件_____元人民币或每公斤_____元人民币的责任限额,两者以较低的限额为准。

12. 本合同项下发生的任何纠纷或者争议,应提交中国海事仲裁委员会,根据该会的仲裁规则进行仲裁。仲裁裁决是终局的,对双方都有约束力。本合同的订立、效力、解释、履行、争议的解决均适用中华人民共和国法律。

13. 本合同从甲乙双方签字盖章之日起生效,合同有效期为_____天,合同期满之日前,甲乙双方可以协商将合同延长_____天。合同期满前,如果双方中任何一方欲终止合同,应提前_____天,以书面的形式通知另一方。

14. 本合同经双方协商一致可以进行修改和补充,修改及补充的内容经双方签字盖章后,视为本合同的一部分。本合同正本一式_____份。

甲方(盖章): _____ 乙方(盖章): _____
法定代表人(签字): _____ 法定代表人(签字): _____
_____年_____月_____日 _____年_____月_____日
签订地点: _____ 签订地点: _____

2. 空箱发放、提取及运送

多式联运中使用的集装箱一般由经营人提供,如双方协议由发货人自行装箱,多式联运经营人或租箱公司或分运人应签发提箱单给发货人或其代理人,由它们在规定的时间内到指定堆场提箱并将空箱托运到货物装箱地点装货。如发货人委托,也可由多式联运经营人办理从堆场到装箱地点的空箱托运。

如果是拼箱货(或虽是装箱货,但发货人不能自装),由多式联运经营人将所用空箱调运至接收货物的集装箱货运站,做好装箱准备。

胡力根据实际情况,全权委托广西瑞丰德运输有限公司张枫将货物送至集装箱货运站,在那里进行装箱。

3. 货物装箱和接收货物

因胡力委托广西瑞丰德运输有限公司张枫在集装箱货运站装箱,张枫在其装箱的集装箱货运站收货即可。验收货物后,张枫应在收据正本上签章,并将其交给发货人。如果是发货人自行装箱,发货人提取空箱后在自己的工厂和仓库组织装箱,如需理货,还应请理货人员到现场理货并与之共同制作装箱单。

4. 订舱及安排货运

张枫根据货物的性质和多式联运方案安排确定各区段的运输工具,与选定的各实际承运人订立各区段的分运合同。这些合同的订立由广西瑞丰德运输有限公司在各转接地办理，也可请前一区段的实际承运人作为代表向后一区段的实际承运人订舱。

5. 办理保险

对于胡力所在的南宁市大兆药业有限责任公司，应投保货物运输险。该保险由胡力自行办理，也可以请张枫代为办理，但费用由南宁市大兆药业有限责任公司承担。货物运输保险可以保全程，也可以分段投保。

对于广西瑞丰德运输有限公司，应投保货物责任险和集装箱保险，由张枫负责办理保险。

6. 签发多式联运单据，组织完成货物的全程运输

张枫收取货物后，向胡力签发多式联运单据。在把提单交给胡力之前，应注意按双方协定的付费方式及内容、数量向胡力收取全部应付费用。

7. 货物交付

货物到达目的地后，由目的地代理人通知收货人提货。收货人需要凭多式联运单据提货，经营人需按合同规定收取收货人应付的全部费用，收回联运单据，签发提货单（交货记录），提货人凭提货单到指定堆场和地点提取货物。

步骤三：学会填写多式联运单据

张枫根据已有的业务信息，填写多式联运单据（表6-1）中已知的项目内容。

表6-1　多式联运提单

发货人 南宁市大兆药业有限责任公司	提单号
收货人 三亚市鸣里医药中心	 PACIFIC INTERNATION LINES（PTE）LTD. （Incorporated in Singapore） 多式联运提单 Received in apparent good order and condition except as otherwise noted the total number of container or other packages or units enumerated below for transportation from the place of receipt to the place of delivery subject to the terms hereof. One of the signed Bills of Lading must be surrendered duly endorsed in exchange for the Goods or delivery order. On presentation of this document（duly）Endorsed to the Carrier by or on behalf of the Holder, the rights and liabilities arising in accordance with the terms hereof shall（without prejudice to any rule of common law or statute rendering them binding on the Merchant）become binding in all respects between the Carrier and the Holder as though the contract evidenced here by had been made between them. SEE TERMS ON ORIGINAL B/L
通知人 广西瑞丰德运输有限公司	

续表

船舶航次	装运港 广西南宁		目的港 海南三亚
接收地	送货地 海南省三亚市春光路 × × 号		提单号
PARTICULARS AS DECLARED BY SHIPPER-CARRIER NOT RESPONSIBLE			
集装箱号 / 铅封号 / 唛头	集装箱数量 / 包装 / 货品描述	毛重	尺码
	集装箱 1 箱 内装肝乐宝等药品		
运费	集装箱数量（大写）		
	装船期		
	签单地点、日期		
	In Witness Where of this number of Original Bills of Lading stated Above all of the tenor and date one of which being accomplished the others to stand void. for PACIFIC INTERNATIONAL LINES（PTE）LTD. as Carrier		

应用训练

1. 请分析国际多式联运经营人与无船承运人、传统货运代理的区别，填写表 6-2。

表 6-2　国际多式联运经营人与无船承运人、传统货运代理的区别

比较项目		多式联运经营人	无船承运人	传统货运代理
相同之处				
不同之处	涉及运输方式			
	法律地位			
	资金占用			
	是否拥有船舶			
	是否拥有陆运与空运工具			
	是否有自己的提单			
	是否有自己的运价表			
	收入性质			

2. 2021 年 3 月 28 日，石家庄无双进出口有限公司（Shijiazhuang Wushuang Internaticnal Trading Co.，Ltd.）（单位登记号为 12500012345）与美国波音（the Boeing）公司签订了一份交易合同（合同号为 A453342），要求在 2021 年 4 月 25 日将一批飞机控制杆（plane control rod）（HS 编码为 8803300000）运往美国芝加哥港。石家庄无双进出口有限公司的此项业务由小美（联系电话：153×××8976）来负责。2021 年 3 月 29 日，小美委托中国船舶代理公司石家庄分公司办理该笔业务，并商定该笔业务采取海铁联运形式完成。这批飞机控制杆共有 500 件，即 500 箱，装在 1 个 40 英尺的普通集装箱内，贸易方式为一般贸易；货物总值为 USD482 564.00；毛重 320 kg，每箱尺码 20 cm×30 cm×20 cm，信用证号为 5656712324，承运船只的船名或航次是 MOL WORLD17。

石家庄无双进出口有限公司地址：石家庄南三环与 308 国道交口华润物流 A 区×-× 号

电话：031184××8495，联系人：小美

美国波音公司地址：545 E John Carpenter Freeway Suite #×××，Irving，TX 75062

电话：214-689-××00，联系人：MARY

中国船舶代理公司石家庄分公司地址：石家庄市平安南大街 ××× 号

电话：031145××8987，联系人：石先生

请为这笔多式联运业务设计多式联运方案、业务操作流程，并填写多式联运单据。

任务评价

任务评价表

项　　目	内　　容	结　　果			
		非常好	较好	还不错	再加油
步骤一	设计多式联运方案				
步骤二	掌握多式联运业务流程				
步骤三	学会填写多式联运单据				
综合评价					
知识掌握（3分）	内容完整（5分）	归纳正确（2分）		评价得分（10分）	

拓展提升

多式联运合同与多式联运单据

多式联运合同又称为"多式联合运输合同""混合运输合同",是指以两种以上(含两种)的不同运输方式将货物运输到约定地点的运输合同。《中华人民共和国民法典》规定,多式联运经营人负责履行或者组织履行多式联运合同实施,对全程运输享有承运人的权利,承担承运人的义务。

多式联运合同的经营人可以与各区段承运人就多式联运合同的各区段运输约定相互之间的义务,但不影响多式联营人对全程运输承担义务,否则,不构成多式联运。

多式联运经营人收到托运人交运的货物,应当签发多式联运单据,该单据按照托运人的要求,可以是可转让单据,也可以是不可转让单据。

多式联运单据经托运人转让后,如果货物的损失是由托运人的过错造成的,尽管多式联运单据已转让,托运人仍应承担赔偿责任。

多式联运货物由第一程承运人转交第二程承运人时,不需要另行办理托运手续,可以减少中间环节,有利于货物的快速运输,提高运输效率。

专项法规拓展

1.《中华人民共和国国际货物运输代理业管理规定实施细则》(商务部公告 2003 第 82号,2004 年 1 月 1 日颁布实施)

2.《关于发展联合运输若干问题的暂行规定》(1986 年 4 月 25 日国家经济委员会、国家计划委员会、财政部、铁道部、交通部联合颁布)

3.《联合国国际货物多式联运公约》(1980 年 5 月 24 日在日内瓦举行的联合国国际联运会议上通过)

4.《1991 年联合国贸易和发展会议 / 国际商会多式联运单证规则》(*UNCTAD/ICC Rules for Multimodal Transport Documents*,1991,简称《多式联运单证规则》)

5.《国际集装箱多式联运管理规则》(交通部 / 铁道部,1997 年 10 月 1 日起施行)

建议:可上网查询上述法规、公约等的细则,应用学习。

项目七　货物运输保险

任务一　认识货物运输保险

1. 认识货物运输保险的含义、种类和特点
2. 知道货物运输保险主要险种的内容
3. 清楚货物运输保险业务运作流程

货物在运输过程中可能会遇到各种各样的风险，一旦发生事故，就会造成不同程度的货物损失。对于事故发生所造成的货物损失，需要采取各种经济措施来进行弥补。运输保险业务的出现与发展，为促进物流运输业的发展发挥着积极的作用。

先达货运公司李军在熟悉了货运基本业务的基础上，经理有意让他接手货运保险专项工作。为了做好工作，李军从认识货运保险开始，了解货物运输保险工作。

货物运输保险有国际货物运输保险和国内货物运输保险。国际货物运输保险主要分海洋货物运输保险、陆上货物运输保险、航空货物运输保险和邮包运输保险。

一、货物运输保险的含义、种类和特点

（一）货物运输保险的含义

货物运输保险是以运输途中的货物作为保险标的，保险人对由自然灾害和意外事故造成的货物损失负赔偿责任的保险。

国内货物运输保险和国际货物运输保险分别以在国内运输过程中的货物或跨国运输的货物为保险标的，在标的物遭遇自然灾害或意外事故造成损失时给予经济补偿。本项目以介绍国内货物运输保险为主。

（二）国内货物运输保险的种类

国内货物运输保险的种类，可以从不同的角度来划分。

1. 按运输方式的不同分类

（1）直运货物运输保险。直运货物运输保险承保的货物要求从起运地至目的地只使用一种运输工具进行运输，即使中途货物需要转运，转运后用的运输工具与前一段运输所使用的运输工具仍应属于同一种类。

（2）联运货物运输保险。联运货物运输保险承保的是使用两种或两种以上不同的主要运输工具进行运输的货物，可以是水陆联运、陆空联运等。联运货物运输保险的保险费率高于直运货物运输保险的保险费率。

（3）集装箱（货柜）运输保险。集装箱运输是20世纪50年代出现的一种运输方式。集装箱运输的优点在于能做到集装单位化，即把零散包件货物集中在大型标准化货箱内，从而简化甚至避免沿途货物的装卸和转运，以降低货物运输成本，加速船舶周转，减少货损、货差。集装箱运输方式自产生以后迅速发展成为国际上普遍采用的一种重要运输方式。若投保集装箱货物运输保险，其费率比利用其他运输方式运输货物要低。

2. 按运输工具的不同分类

（1）水上货物运输保险。水上货物运输保险是指以水上运输工具承运的货物为保险标的的一种运输保险。水上运输工具指集装箱船、杂货船、驳船、机帆船、木船、水泥船等。

（2）陆上货物运输保险。陆上货物运输保险承保除水上运输工具和飞机以外的所有其他运输工具或手段运载货物的运输保险，运输工具包括机动车、人力车、畜力车，如火车、汽车等。

（3）航空货物运输保险。航空货物运输保险是指以飞机为运输工具运载货物的运输保险。

按运输工具的不同对国内货物运输保险进行分类是最常见的一种分类方法。在国内货物运输保险的保险单上还可以见到使用特殊运输工具的货物保险，如排筏保险、港内外驳运险和市内陆上运输保险等。

（三）国内货物运输保险的特点

国内货物运输保险虽然是财产保险的一种，但与一般财产保险有所区别，具有以下几个方面的特点。

1. 保险标的流动性

普通财产保险是以存放在固定地点的各种财产作为保险对象，如企业财产保险承保的机器、设备，家庭财产保险的保险标的是家具、家用电器等，因而普通财产保险的保险标的通常处于相对静止的状态。而货物运输保险的保险标的是从一地运到另一地的货物，经常处于运动状态之中，具有较大的流动性。

2. 责任起讫途程性

普通财产保险的保险期限一般按时间计算确定，货物运输保险属于运程保险，保险责任的起讫时间从货物运离发货人仓库开始，直至运达目的地的收货人仓库或储存地为止，以保险标的实际所需的运输途程为准。

3. 保险范围广泛性

从保障范围来看，国内货物运输保险要比普通财产保险广泛得多。在发生保险责任范围内的灾害事故时，普通财产保险仅负责被保险财产的直接损失以及为避免损失扩大采取施救、保护等措施而产生的合理费用。国内货物运输保险除了负责上述损失和费用外，还要承担货物在运输过程中因破碎、渗漏、包装破裂、遭受盗窃以及整件货物提货不着而引起的损失，以及按照一般惯例应分摊的共同海损和救助费用。

二、货物运输保险主要险种的内容

货物运输保险险种很多，根据运输工具划分，有铁路货物运输保险、水路货物运输保险、公路货物运输保险、航空货物运输保险、邮包运输保险、多式联运货物运输保险以及其他运输工具货物运输保险。

其中，水路货物运输保险、铁路货物运输保险承保利用船舶和火车运输的货物，这是国内货物运输保险的主要业务，均分为基本险和综合险，并设有多种附加险。在此基础上，还衍生出鲜活货物运输保险和行包保险等独立险种。

公路货物运输保险承保通过公路运输的物资，保险责任与水路货物运输保险、铁路货物运输保险的保险责任基本相同，该种保险随着我国公路货物运输业的发展而迅速发展。航空货物运输保险专门承保航空运输的货物，其责任范围相当广泛。

除基本险种外，货物运输保险还有多种附加险。附加险承保着某一种较为特殊的风险责任，由保险客户根据投保需求自主选择。如附加偷窃险、附加提货不着险、附加淡水雨淋险、附加短量险、附加混杂沾污险、附加渗漏险等。多数货物运输保险都由基本险或综合险加若干附加险组成。

对于需要由两种或两种以上的主要运输工具运输的货物保险，一般按相应的运输方式分别适用各自的保险条款。

（一）铁路货物运输保险

铁路货物运输保险是国内货物运输保险的主要业务来源。它按照保险内容的不同分为基本险和综合险，保险人根据保险单上注明的承保险别分别承担保险责任。

1. 基本险的保险内容

铁路货物运输保险基本险承担的保险责任，一般包括以下原因造成的货物损失。

（1）火灾、爆炸、雷电、冰雹、暴风、洪水、海啸、地陷、泥石流造成的损失。

（2）由于运输工具发生碰撞、出轨或桥梁、隧道、码头坍塌造成的损失。

（3）在装货、卸货或转载时，因意外事故造成的损失。

（4）在发生上述灾害、事故时，因施救或保护而造成货物的损失及所支付的直接合理的费用。

2. 综合险的保险内容

铁路货物运输保险综合险承担的保险责任，一般包括如下原因造成的货物损失。

（1）前述基本险责任的元凶，综合险均负责任。

（2）因受震动、碰撞、挤压而造成货物破碎、弯曲、折断、凹瘪、开裂、渗漏等损失，以及包装破裂致使货物散失的损失。

（3）液体货物因受震动、碰撞或挤压致使所用容器（包括封口）损坏而渗漏的损失，或用液体保藏的货物因液体渗漏而造成保藏货物腐烂变质的损失。

（4）遭受盗窃的损失。

（5）由于外来原因致使提货不着的损失。

（6）符合安全运输规定而遭受雨淋所致的损失。

3. 除外责任

无论是基本险，还是综合险业务，对下列原因导致的被保险货物的损失，保险人均不负责赔偿。

（1）战争、军事行动、扣押、罢工、哄抢和暴动造成的损失。

（2）地震造成的损失。

（3）核反应、核辐射和放射性污染造成的损失。

（4）保险货物本身的缺陷或自然损耗，以及由于包装不善所致的损失。

（5）投保人或被保险人的故意行为或违法犯罪行为所引起的损失。

（6）市价跌落、运输延迟所引起的损失。

（7）属于发货人责任引起的损失。

（8）由于行政行为或执法行为所致的损失。

（9）其他不属于保险责任范围内的损失。

在除外责任这方面，基本险与综合险有一定区别。因此，货物运输保险的保险责任范围应当根据其合同条款中列明的保险责任与除外责任分情况准确把握。

4. 保险责任起讫

铁路货物运输保险的保险责任起讫，自签发保险单（凭证）后，保险货物运离起运地发货人的最后一个仓库或储存处所时起，至运至该保险单（凭证）上的目的地的收货人的第一个仓库或储存处所时终止。但保险货物运抵目的地后，如果收货人未及时提货，则保险责任的终止最多延长至以收货人接收《到货通知单》后的 15 天为限（以邮戳为准）。

（二）水路货物运输保险

水路货物运输保险是货物运输保险中的主要业务，它主要承担水上风险，是水险的重要组成部分。水路货物运输保险分为基本险、综合险两个险别。

1. 基本险的保险内容

水路货物运输保险基本险的保险责任，主要包括以下项目。

（1）因火灾、爆炸、雷电、冰雹、暴风、暴雨、洪水、海啸、泥石流等造成的损失。

（2）船舶发生碰撞、搁浅、触礁和桥梁、码头坍塌等造成的损失。

（3）因以上两款所致船舶沉没失踪造成的损失。

（4）在装货、卸货或转载时，因意外事故造成的损失。

（5）按国家规定或一般惯例应分摊的共同海损费用。

（6）在发生上述灾害、事故时，因纷乱而造成的货物失散，以及因施救或保护货物所支付的直接合理的费用。

2. 综合险的保险内容

水路货物运输综合险的保险责任除了包括水路货物运输基本险的保险责任外，其增加的保险责任与铁路货物运输综合险增加的承保责任相同。

3. 除外责任

在水路货物运输保险中，保险人列明的除外责任与铁路货物运输保险相同，但实际的除外责任范围还取决于保险合同中的规定，应以保险合同为准。因此，水路货物运输保险的保险责任范围应当根据其合同条款中列明的保险责任与除外责任准确地把握。

4. 保险责任起讫

水路货物运输保险的保险责任起讫，采用的依然是"仓至仓条款"。其规定与铁路货物运输保险的规定相同。

（三）公路货物运输保险

公路货物运输保险承保通过公路运输的物资，保险内容与水路、铁路货物运输保险的保险内容基本相同。但公路货物运输保险有其自身的一些特点。

1. 在运输工具方面

公路货物运输可以选择汽车运输，也可以选择其他机动或非机动运输工具来承担货物运输的任务。

2. 在保险责任方面

由于公路运输货物在运输途中客观上还可能需要驳运（即利用驳船过河），因此，在驳运过程中因驳运工具遭受搁浅、触礁、沉没、碰撞而导致的损失，保险人也负责赔偿。

在公路货物运输保险业务经营中，由于受公路运输工具的限制，单笔业务的数量通常不会太大，运输过程中也存在着走非固定路线的可能。因此，公路货物运输较铁路（固定在铁轨上运行）、水路（水上航线是基本固定的）及航空（空中航线也是固定的）货物运输更具风险多变性，这是保险人必须注意并加以控制的。

（四）航空货物运输保险

航空货物运输保险承保的主要是被保险货物在航空运输中可能遭受的损失风险，它在承保标的、保险金额的确定及保险责任起讫等方面与铁路、水路、公路货物运输保险具有一致性，但在承保责任方面，具有其自身的特点。

1. 航空货物运输保险的保险内容

在航空货物运输保险中，只要在保险责任期限内，被保险货物无论是在运输过程中还是在存放过程中，由于下列原因遭受的损失均由保险人负责赔偿。

（1）由于飞机遭受碰撞、倾覆、坠落、失踪（3个月以上），在危难中发生卸载以及遭遇恶劣气候，或其他危难事故发生抛弃行为造成的损失。其中"失踪3个月以上"是指飞机起飞后与地面失去联系，下落不明，经鉴定为失踪者，可按推定完全灭失（即全损）赔偿。

（2）因遭受火灾、爆炸、雷电、冰雹、暴风、暴雨、洪水、海啸、地面陷落等造成的损失。

（3）因受震动、碰撞或压力而造成的破碎、弯曲、凹瘪、折断、开裂等损伤，以及由此而引起包装破裂而造成的散失。

（4）凡属液体、半流体或者需要用液体保藏的被保险货物，在运输途中因受震动、碰撞或压力，致使所装容器（包括封口）损坏发生渗漏而造成的损失，或用液体保藏的货物因液体渗漏而致保藏货物腐烂的损失。

（5）被保险货物因遭受偷窃或者提货不着的损失。

（6）在装货、卸货时和地面运输过程中，因遭受不可抗力的意外事故及雨淋所造成的被保险货物损失。

（7）在发生保险责任范围内的灾害事故时，因施救或保护被保险货物而支付的合理费用，保险人也负责赔偿，但以不超过保险金额为限。

2. 除外责任及其他

在航空货物运输保险中，保险单上列明的除外责任，一般与铁路货物运输保险等相同。但保险人承担的责任范围，因保险责任的不同而存在着差异。因此，把握航空货物运输保险的责任范围应当以航空货物运输保险合同中载明的责任范围为准。

由于被保险人无法控制的运输延迟、绕道、被迫卸货、重新装载、转载，或承运人运用运输契约赋予的权限，所做的任何航行上的变更或终止运输契约，致使被保险货物到非保险单所载目的地时，在被保险人及时将获知的情况通知保险人并加交保险费的情况下，保险合同继续有效。

保险责任通常按照下列规定终止。

（1）被保险货物如在非保险单所载目的地出售，保险责任至交货时为止。但不论任何情况，均以被保险货物在卸载地卸离飞机后满15天为止。

（2）被保险货物在上述15天期限内，继续运往保险单所载原目的地或其他目的地时，保险责任仍按上款的规定终止。

（五）邮包运输保险

邮包运输保险承保邮包运输途中因自然灾害、意外事故或外来原因造成的货物损失。

1. 保险内容

邮包运输保险分为邮包险和邮包一切险两种。

（1）邮包险。邮包险的保险范围如下。

① 被保险邮包在运输途中，由于恶劣气候、雷电、海啸、地震、洪水等自然灾害，或由于运输工具遭受搁浅、触礁、沉没、碰撞、倾覆、出轨、坠落、失踪，或由于失火、爆炸等意外事故所造成的全部或部分损失。

② 被保险人对遭受承保范围内危险的货物，采取抢救、防止或减少货损的措施而支付的合理费用，但以不超过获救货物的保险金额为限。

（2）邮包一切险。除包括上述邮包险的各项责任外，还负责被保险邮包在运输途中，由于外来原因所致的全部或部分损失。

2. 除外责任

同铁路、公路运输货物保险的除外责任相同。

3. 保险责任起讫

邮包运输保险责任，自被保险邮包离开保险单所载起运地点寄件人的处所，运往邮局时开始生效，直至该项邮包运达本保险单所载目的地邮局，自邮局签发到件通知书当日午夜起满15天终止。但在此期间内邮包一经递交至收件人的处所，保险责任即行终止。

三、货物运输保险业务运作流程

货物运输保险业务运作流程如图7-1所示。

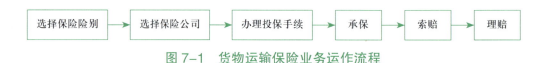

图7-1 货物运输保险业务运作流程

（一）选择保险险别

在货物运输中，买卖双方应根据合同所确定的投保责任，选择适当的保险险别。投保人在选择险种时应根据货物的具体情况，恰当地选择投保的险别，既充分保障其财产权益，又能节约保险费支出，以提高经济效益。防止不从运输货物的实际情况出发，一味投保保险责任范围大、保险费率高的险种，以求万无一失的做法，或是单纯为了节约保险费，而使运输货物得不到应有保障的倾向。选择保险险别的原则有以下几条。

1. 从运输货物的种类、性质和特点出发选择投保险别

运输货物的种类、性质和特点是考虑选择投保险别的首要因素。要根据各种风险对货物可能造成的损失程度，以及货物的本身特点，恰当地选择投保的基本险和附加险。因为，不同种类的货物，在运输过程中如遭到同一种自然灾害或意外事故，其损失的情况和损失的程度可能是不同的。例如，对棉纺织品来说，挤压不会造成重大损失，海水浸泡就会造成较大的损失；对钢精器皿、搪瓷制品等货物，海水浸泡不会造成多大损失，而颠簸、挤压却会造成凹瘪、脱瓷等重大损失。可见不同种类货物由于其性质不同，同种自然灾害或意外事故所致损失情况和程度不同。

2. 根据货物的包装状况来选择投保险别

货物的包装对货物的安全运输具有重要作用。有些货物在运输及装卸、转运过程中，常因包装破损而造成质量或数量上的损失。

特别是玻璃、陶瓷制品，手工艺品以及仪表等货物，包装的好坏会直接关系到是否破损、碰损及其程度。因此，在进行风险因素分析和评估时，货物包装对运输途中的货物可能发生的损失及对货物损失的严重性的影响应加以考虑。例如，采用集装箱运输服装和采用纸箱包装运输服装，服装在运输途中发生损失的概率有很大的不同。应该注意，如果运输货物的包装不良或包装不符合国际运输的一般要求，保险公司不会给予承保，或在货物受损后不负赔偿责任。

3. 根据运输工具、运输路线、港口情况来选择投保险别

运输工具、运输路线、港口情况对货物在运输途中发生风险的概率有重大影响。例如，在海上货物运输中，货物在运输途中面临的风险程度大小同载货船舶本身的性能有密切的关系。船舶的建造年份、吨位、船上设备等对船舶的适航性有重要影响。因此，载货船舶的情况是货运承保人考虑的一项重要的风险因素。

此外，船舶的航行路线和停靠的港口不同，货物可能遭受的风险和损失也有很大的不同。某些航线途经气候炎热的地区，如果载货船舶通风不良，就会增大货物的受潮受热损失。或者由于不同停靠港口在设备、装卸能力、港口管理以及安全等方面有很大差异，货物在港口装卸时发生货损、货差的情况也就不同。

4. 根据运输货物的价值大小来选择适当的投保险别

在选择投保险别时，运输货物的价值大小也是必须考虑的一个因素。对价值昂贵又容易受损的货物，如贵重工艺品、精密仪器、高级毛料和丝绸服装等，一般应投保保险范围最大的基本险，并根据需要加保某些特别或特殊附加险，以取得全面的保障。

（二）选择保险公司

投保人无论是通过保险经纪人、保险代理人间接购买保险，还是直接从保险公司购买保险，选择保险公司都是十分重要的，因为购买保险不同于购买一般的商品，投保人一旦交纳了保费，购买了保险，保险人就承诺对在保险有效期内发生的保险货物的损失承担赔偿责任。对投保人而言，选择保险公司时主要应考虑以下因素。

1. 保险公司的经济实力和经营的稳定性

保险公司履行对投保人的承诺，是以其经济实力和经营的稳定性为基础的。

2. 保险商品的价格是否合理

价格虽然不是选择保险公司的唯一因素，但却是重要因素，投保人应考虑经济效益，节省不必要的保费支出。

3. 保险公司的理赔情况

保险公司处理索赔是否公平、及时，是选择保险公司的一个重要条件。

4. 保险公司提供的服务

投保前投保人会有很多有关保单的问题需要咨询，保险人或其代理人是否能够给予全面的、客观的回答；投保后投保人的一些合理需要能否得到满足；保险标的发生损失后，保险理赔是否迅速、合理。这些都是保险公司服务水平、服务态度的表现，都是投保人选择保险公司应考虑的因素。

（三）办理投保手续

在投保人选择了保险险别与保险公司后，接下来要办理的就是具体的投保手续。

投保人办理投保手续的方法十分简单：向保险公司索取空白投保单，填妥后交给保险公司，保险公司就可制妥并签发保险单。

（四）承保

承保工作就是保险人（保险公司）同被保险人（投保人）签订保险合同的过程。只有通过核保人员的筛选、符合条件的投保单，保险公司才签发保险单。保险单是具有法律约束力的经济合同，明确了合同双方的权利和义务。

（五）索赔

在货物运输过程中，发生事故或货损、货差等不正常情况后，承运人应及时做出事故记录，通知投保人，请其及时行使索赔权利。

（六）理赔

保险理赔是指保险人根据保险合同或有关法律、法规，受理被保险人提出的赔偿损失的请求，对损失进行查勘、检验、定损、理算、赔偿等业务活动，若损失赔偿涉及第三者的责任，保险人还应进行追偿工作。保险货物发生损失后，被保险人不仅要依据保险合同的规定积极做好索赔工作，还应对保险理赔工作有全面的了解，这样便于保险公司理赔人员开展工作。

保险理赔的流程通常为：确定理赔责任→确定损失原因→勘查损失事实→赔偿给付→损余处理、代位追偿。

任务实施

步骤一：认识货物运输保险的含义、种类和特点

针对先达货运公司的实际业务，李军认识到：货物运输保险是以运输途中的货物作为保险标的，保险人对由自然灾害和意外事故所造成的货物损失负赔偿责任的保险。国内货物运输保险按运输方式不同可分为直运货物运输保险、联运货物运输保险、集装箱（货柜）运输保险；按运输工具不同可分为水上货物运输保险、陆上货物运输保险、航空货物运输保险。国内货物运输保险的特点有：保险标的流动性，责任起讫途程性，保险范围广泛性。

步骤二：知道货物运输保险主要险种的内容

李军从不同的角度归纳了货物运输保险的种类，根据先达货运公司的情况，他认识到根据运输工具，货物运输保险可以分为铁路货物运输保险、公路货物运输保险、水路货物运输保险、航空货物运输保险、邮包运输保险、多式联运货物运输保险以及其他运输工具货物运输保险。

其保险的内容分为基本险和综合险，并设有多种附加险种。

李军对应铁路货物运输保险、公路货物运输保险、水路货物运输保险、航空货物运输保险和邮包运输保险等各个险种，界定保险内容，为日后进行货物运输保险的选择打下了基础。

步骤三：清楚货物运输保险业务运作流程

李军根据先达货运公司业务拟定货物运输保险业务运作流程。

第一步，选择保险险别。

保险险别是保险人与被保险人双方权利和义务的基础，也是保险公司承保责任大小、被保险人交付保险费多少的依据。

在选择保险险别时，应将货物运输中可能面临的各种损失作为考虑的主要因素，如货物的种类、性质、特点、包装状况、运输工具、运输路线、港口情况等，这些因素都会对货物运输途中发生风险的概率产生重大影响。此外还应根据货物价值的大小选择保险险别。

第二步，选择合适的保险公司。

货主无论是通过货运公司（或保险代理）间接购买保险，还是直接从保险公司购买保险，都要选择合适的保险公司。因为一旦购买了保险，保险公司就承担着对在保险有效期内发生的保险货损进行赔偿的责任。保险公司的经济实力、经营稳定性、保险商品的价格和提供的服务直接影响着被保险人的利益，是选择保险公司时应予考虑的因素。

第三步，办理投保手续。

确定保险公司后，就要填写"投保单"（或投保委托书），办理投保手续。保险公司据此签发保险单。

第四步，承保。

保险公司为保证业务的质量，通常内部有一套严格的受理审批程序制度。只有通过核保人员的筛选、符合条件的投保单，保险公司才签发保险单，完成承保工作。

第五步，索赔。

若货物运输过程中，一旦发生事故或货损、货差等不正常情况，就进入索赔程序，被保险人应及时行使自己的索赔权利。

第六步，理赔。

理赔是保险公司受理索赔请求，对损失进行查勘、检验、定损、理算、赔付的过程。

应用训练

根据本任务所讲述的内容，利用互联网查找资料，归纳整理对货物运输保险的认识，形成总结文档。

任务评价

任务评价表

项　　目	内　　容	结　　果			
		非常好	较好	还不错	再加油
步骤一	认识货物运输保险的含义、种类和特点				
步骤二	知道货物运输保险主要险种的内容				
步骤三	清楚货物运输保险业务运作流程				
综合评价					
资料准备（3分）	知识掌握（5分）	语言表述（2分）		评价得分（10分）	

拓展提升

海上货物运输保险险别的选择

选择保险险别应充分考虑货物的性质、包装、用途、运输工具、运输路线、运输装运的季节、气候以及货物的残损规律等因素，下面侧重介绍海上货物运输中几种主要商品易受损的情况以及适宜投保的主要险别。

1. 粮油食品类

以粮谷类为例，这类商品含有水分，经过长途运输水分蒸发，则会短量，还会因为海水浸入、淡水渗入、水管漏水等发生霉烂。

对于这种商品，可以投保一切险，也可以在水渍险的基础上加保短量险和受潮、受热险。

对于罐头食品，常因沾水、受潮使罐头外皮产生锈渍、商标标签受污渍影响美观，装卸粗鲁等使罐头发生凹瘪，所以可以投保一切险，也可以在平安险和水渍险的基础上加保包装破裂险、碰损险、锈损险和偷窃提货不着险等。

2. 土产畜产类

这类商品在一定的温度与湿度下会引起变质等损失，如鱼粉，可以在平安险或水渍险的基础上加保受热、受潮险，对自然损失需另加保。

3. 轻工业品类

对日用陶瓷器、工艺陶瓷器、陶瓷洁具、陶瓷管、瓷砖等陶瓷制品，损失主要是破碎，可以在平安险、水渍险的基础上加保破碎险。

对无线电、半导体收音机、电视机、收录两用机、电扇、电冰箱和各种照相机等家用电器来说，比较常见的损失为碰损和被窃，以投保平安险、水渍险加保碰损险和提货不着险为宜。

4. 工艺品类

对金、银、钻石、珠宝等首饰来说，商品价值高，被窃的危险性很大，一般会加保偷窃提货不着险或者投保一切险。

另外，玉、宝石、象牙、木、竹料器雕刻品，破碎、碰损的可能性较大，还容易被窃，要加保破碎险、碰损险、偷窃提货不着险。

5. 五金类

钢筋、铁皮、铁块、自来水管、铸铁块等金属制品，比较粗笨，不易碰损或被窃，一般投保平安险即可。

地下管道、坩埚等铁制品，可投保平安险，再加保破碎险。

6. 矿产类

矿石、矿砂类货物，一般都是大宗散舱运输，容易发生短量，在平安险的基础上加保短量险即可。

建筑材料类货物主要包括石棉板、水泥板、石棉瓦、砖、瓦、大理石、石碑、耐火砖等，这些商品因主要损失是破碎，在平安险的基础上加保破碎险即可。

7. 化工类

原油、石油、汽油、柴油等液体类产品大多是用散舱运输的，容易发生短量和沾污，应在平安险的基础上加投保散舱油类险和渗漏险。

对化肥、滑石粉、石墨粉、粉状农药等，可在平安险的基础上加保包装破裂险。

8. 机械类

对于机械类货物可在投保水渍险的基础上加保碰损险。

9. 成套设备类

对新的成套设备，因内容比较复杂，价值高，为获得充分保障，应投保一切险。

对旧设备，以投保水渍险为宜。

10. 纺织纤维类

对此类商品一般投保一切险。

任务二　货物运输保险业务运作

任务目标

1. 熟知承保步骤，会投保
2. 清楚索赔业务
3. 知道理赔业务

任务描述

货物运输保险业务是对运输过程中被保险的货物进行保险业务处理，及时补偿在运输过程中货物因灾害事故而遭受的经济损失，有利于社会生产和流通便利进行。

2019 年 5 月 10 日，烟台恒昌贸易公司委托先达烟台货运公司运输中控设备到甘肃庆阳。货物共计 10 件，总重量 2 t，货物总价 200 000 元。先达烟台货运公司安排车牌号为鲁 F17657 的货车在 16 日 15 时启运。

先达烟台货运公司针对此项货运业务，为降低货运风险，办理货物运输保险。李军承担货运保险业务工作。后来这批中控设备运抵目的地时，发现 3 件货物外包装箱变形、破损，内装仪器有损伤。李军就此进行索赔，保险公司予以理赔。

任务准备

一、承保

（一）审核投保单

当货主需要对一笔货物进行保险时，先要同保险公司联系，通常要填制一张投保单。表7-1为国内货物运输保险投保单样单。保险公司出立保险单以投保人的填报内容为准。因此，在投保前必须仔细审核投保单中的如下内容。

表7-1　国内货物运输保险投保单样单

投保单号：

被保险人		组织机构代码	
投保人		组织机构代码	
联系电话		传真		地址	
货票运单号码	件数 / 重量	保险货物项目		保险金额

启运日期：		运输工具（船名航次车次）：
起运地：		目的地：

投保险别：

备注：

请如实告知下列情况：（如是在 [ ] 中打√）
1. 货物包装　袋装 / 箱装 [　]　散装 / 裸装 [　]　冷藏 [　]　捆扎 [　]　罐装 [　]
2. 集装箱种类　普通 [　]　　　开顶 [　]　　　框架 [　]　平板 [　]　冷藏 [　]
3. 运输工具　海轮 [　]　　　飞机 [　]　　　火车 [　]　汽车 [　]　内河船 [　]　驳船 [　]
4. 船舶资料　船级＿＿＿＿＿＿　　　建造年月＿＿＿＿＿＿

保险人（保险公司）提示

请您仔细阅读保险条款，尤其是黑体字标注部分的条款内容，并听取保险公司业务人员的说明，如对保险公司业务人员的说明不明白或有异议，请在填写本投保单之前向保险公司业务人员进行询问，如未询问，视同已经对条款内容完全理解并无异议。

续表

投保人声明

投保人及被保险人兹声明所填上述内容（包括投保单及投保附件）属实。

本人已经收悉并仔细阅读保险条款，尤其是黑体字部分的条款内容，并对保险公司就保险条款内容的说明和提示完全理解，没有异议，申请投保。

投保人签章：   投保日期：   年 月 日

以下内容由保险公司填写

协议编号 [ ]	代理点编号 [ ]	费率 [ ]	免赔 [ ]
客户代码 [ ]	共保信息 [ ]	回分情况 [ ]	
最低保费 [ ]	结算币种 [ ]	经办人 [ ]	

1. 被保险人名称

这一项要按照保险利益的实际有关人填写，如属买方或卖方投保的则分别写上名称。因为保险是否有效直接关系到被保险人的保险利益。

2. 标记

这一项应该与提单或运单上所载的标记符号相一致，特别要同印刷在货物外包装上的实际标记符号一致，以免发生索赔时引起检验、核赔、确定责任的混乱。

3. 包装和数量

货物的包装方式，如箱、包、件、捆以及数量，均须书写清楚。

4. 货物名称

货物的名称必须具体明确，如棉布、袜子、玻璃器皿等，一般不要笼统地写纺织品、百货、杂货等。

5. 保险金额

要按照发票的 CIF 价值加上一定的加成作为保险金额，加成的比例一般是 10%，也可以根据实际情况加二成或三成等。如果发票价为 FOB 价或者 CFR 价，应将运费、保险费相应加上去，再加成计算保险金额。

6. 运输工具

如果是用轮船运输的，应写明船名，需转运的也要写明；如是火车或航空运输的，最好注明火车班次和班机航次。如果采用联运的，最好写明联运方式。

7. 启运日期

有确切日期，则填上"×月×日"；无确切日期，则填上"约于×月×日。"

8. 提单或运单号码

提单或运单号码要填写清楚，以备保险公司核对。

9. 航程或路程

应写明"自××港（地）到××港（地）"，如果到目的地的路线有两条以上，则要写上"自××经××到××"。

10. 投保险别

需要投保哪种险别要写明确，不能含糊，对保险条款有特别要求的，也要在这一栏内注明。

11. 赔款地点

一般都是在保险目的地支付赔款，如果要求在保险目的地以外的地点给付赔款，应该申明。

12. 投保日期

投保日期应在船舶开航或运输工具启运之前。

（二）保险标的验险

保险标的验险主要是对新投保和续保保户的投保标的进行风险大小的检验。

验险的内容包括核对投保标的地址、名称是否与投保单一致，与保险责任有关的消防制度、安全值班制度等安全制度的情况。例如，从投保单位领导到基层班组是否有专、兼职安全工作人员；各种预防灾害事故的设施、器材的数量和性能；保险标的环境情况；有无明显的危险及处于危险状态中的财产；发运货物包装是否符合规定；机动车、船是否符合适驾、适航。

对于一些资产较多和技术复杂的投保企业，可聘请有关技术专家协同进行标的验险。

（三）风险的评估

保险公司对投保人的货运保险投保申请进行选择，保险公司的选择就是利用已掌握的信息和资料，对保险标的的风险因素进行分析和评估的过程。对于货运保险的承保，保险公司考虑的风险因素主要有下述几个方面。

（1）货物的性质和特点。

（2）货物的包装。

（3）运输工具、运输路线、运输季节因素。

（4）投保险别。保险人对货物承担的责任大小是由投保人选择的保险险别决定的。投保人选择的保障范围越大，保险人承担的风险责任越大。

（四）核定与计算保险费

保险费率是保险人以保险标的的风险性大小、损失率高低、经营费用多少等为依据，根据不同的商品、不同的目的地，以及不同的投保险别所制定的保险价格。

保险公司核保人员审核投保单后，由经办人按照货物的种类、保险目的地、承保险别等有关内容按照保险费率表确定保险费率并计算出应收保险费，在投保单上注明，交复核人员审核。

　　货物运输险的保险费是以货物的保险金额为基础，按一定的保险费率计算出来的。其计算公式如下：

$$保险费 = 保险金额 × 保险费率$$

　　如系按 CIF 加成投保，以上公式可改为

$$保险费 = CIF × （1 + 保险加成率） × 保险费率$$

（五）缮制保险单和保险费收据

　　投保单经核无误后，保险公司即凭以缮制保险单和保险费收据。

　　缮单完毕后，制单人员应在保险单（凭证）的副本留底上签字。

（六）粘贴保险条款和特约条款

　　对于特殊附加险的拒收险、交货不到险以及限制性条款的海关检验条款等，为使被保险人明了责任，应在保险单上粘贴条款。条款的粘贴应按首先贴基本险别的条款，其次贴附加险的条款，再次贴特别附加险的条款，最后贴特别条款的次序进行。

（七）复核

　　保险单（凭证）制成后，应由保险公司复核人员复核，复核的内容有：保险单或凭证上的项目是否打全；保险单或凭证上的内容和投保单所列的是否一致；承保险别是否符合投保单位的要求，措辞是否明确并符合保险习惯；理赔检验代理人的名称、地址是否准确；保险费率和保险费的计算是否正确；承保的这笔业务是否符合有关政策的规定。

　　经以上复核无误后，由复核人员在保单副本留底上签字。

（八）签章

　　复核完毕后，将保险单或凭证送负责人或指定签章人加盖保险公司章和负责人手章。

（九）单据分发

　　缮制完的保险单或凭证连同保险费收据（或保费结算清单）进行分发，具体如下。

　　（1）保险单或凭证正本和投保单位需要的副本份数连同保险费收据（清单）送投保人。

　　（2）保险公司自留保险单或凭证副本两份，一份连同保险费收据（清单）按顺序号理齐，订本归卷，留备以后理赔时查阅；另一份留做统计或办理分保时使用。

　　（3）保险费收据（清单）一份送保险公司会计部门收费入账。

二、索赔

（一）出险通知

　　保险标的发生保险事故后，被保险人应及时根据保险合同的有关规定向保险人报告损失情况，并提出索赔请求。

1. 出险通知的内容

出险通知的内容主要包括两个方面，即危险发生通知与提出索赔。危险发生通知与提出索赔二者是截然不同的，不能混淆。危险发生通知是保险合同约定的被保险人的一项义务，《中华人民共和国保险法》（以下简称《保险法》）第 21 条规定："投保人、被保险人或者受益人知道保险事故发生后，应当及时通知保险人。"而提出索赔则是被保险人依法享有的一项权利，《保险法》第 22 条明确规定：保险事故发生后，按照保险合同请求保险人赔偿或者给付保险金时，投保人、被保险人或者受益人应当向保险人提供其所能提供的与确认保险事故的性质、原因、损失程度等有关的证明和资料。

2. 通知的期限

保险标的发生保险责任范围内的灾害事故后，被保险人应立即通知保险人。所谓"立即通知"，是要求被保险人在主观上能办得到和在客观条件允许的情况下，迅速通知保险人。被保险人应采取就近原则，及时通知保险人或其在当地的检验代理人，申请对损失进行检验，保险人在接到损失通知后，就可以对损失进行检验，并采取相应的措施控制损失。若被保险人延迟通知，则会耽误保险公司办理有关工作，影响索赔甚至引起争议。

如果被保险人在规定的期间内不行使索赔请求权，则该请求权因期限届满而消失。但如由于不可抗力的原因，被保险人未能及时履行保险事故通知义务，则保险人不能以"未及时通知"为由拒绝赔偿。

对于通知期限，要注意各类保险条款中关于时效的规定。

3. 危险事故通知迟延的法律后果

对于危险事故通知迟延的法律后果，国际上通常有两种做法：第一，保险人只能对投保人或被保险人因出险通知延迟而扩大的损失拒绝赔偿，不能解除保险合同；第二，出险通知不在规定期限内进行，保险人可以免责。

（二）采取施救和整理措施

被保险人对受损失货物应积极采取措施进行施救和整理。被保险货物受损后，被保险人除了应及时通知保险公司或保险公司的代理人请求对受损货物进行联合检验之外，还应会同保险公司或其代理人对受损的货物采取必要的施救和整理措施以防止损失的扩大。根据各国保险法或保险条款的规定，如被保险人未尽施救义务而使保险标的损失扩大，保险人对损失扩大部分不负赔偿责任。

保险人对合理的施救费用负担补偿义务，即被保险人为了抢救以及保护、整理保险财产而支出的必要、合理的费用应由保险人负担。

另外，对于受损货物的转售、修理、改变用途等被保险人也负有处理的义务。这是因为被保险人对货物的性能、用途比保险公司更为熟悉，能更好地利用物资。在我国，无论是进口货物还是国内运输的货物受损后，原则上都应由货主自行处理。当然，被保险人在对受损货物进行转售、修理、改变用途等工作之前，必须通知保险公司或征得保险公司的同意。

（三）提出赔偿请求

保险标的遭受的损失经过损失检验确认是由保险单承保风险造成的，则被保险人应根据保险合同的有关规定向保险公司提出索赔申请。下面以铁路货物运输为例说明怎样提出赔偿请求。

1. 赔偿请求提出的对象、形式和方式

赔偿请求应由发货人向发站或发送局，收货人向到站或到达局以书面按批提出。提出的形式是书面的。对因货物全部或部分灭失、质量不足、毁损、腐坏或因其他原因降低质量所发生的损失和对运送费用多收款额提出赔偿请求的，在我国采用《铁路货物运输规程》规定的赔偿要求书。对运到逾期提出赔偿请求的，依据《国际铁路货物联运协定》（简称《国际货协》）的相关规定办理。

提出的方式是按每批货物提出。但下列情况例外：提出返还运送费用多收款额的赔偿请求时，可按数批货物提出；当国外铁路数批货物编写一份商务记录时，应按商务记录中记载的批数一并提出。

2. 赔偿请求提出的依据及随附文件

（1）货物全部灭失时，由发货人提出，则须同时提供运单副本；由收货人提出，则须同时提供运单副本或运单正本和货物到达通知单以及铁路在到站交给收货人的商务记录。

（2）货物部分灭失、毁损、腐坏或因其他原因降低质量时，由发货人或收货人提出，同时须提供运单正本（或副本）和货物到达通知单，以及铁路在到站交给收货人的商务记录。

（3）货物运到逾期时，由收货人提出，同时须提供运单正本和货物到达通知单，如国内段运到逾期，还应提供运费杂费收据（可用复印件或抄件）。

（4）多收运费时，由发货人提出，须同时提供运单副本或发送路现行国内规章规定的其他文件；由收货人提出，须同时提供运单正本和货物到达通知单。

3. 赔偿请求的时效

发、收货人向铁路提出的赔偿请求，应在9个月内提出；货物运到逾期的赔偿请求，则应在2个月内提出。上述时效按下列规定计算。

（1）关于货物部分灭失、质量不足、毁损、腐坏或因其他原因降低质量的赔偿请求以及逾期运到的赔偿请求，自货物交付收货人之日起计算。

（2）关于货物全部灭失的赔偿请求，自货物运到期限满后30天起计算。

（3）关于补充支付运费、杂费、罚款的赔偿请求，或关于退还这项款额的赔偿请求，或关于因将运价弄错以及费用计算错误所发生的订正清算的赔偿请求，自付款之日起计算，如未付款，自货物交付之日起计算。

（4）关于支付变卖货物的余款的赔偿请求，自变卖货物之日起计算。

（5）其他一切赔偿请求，自确定成为提赔的根据之日起计算。

（四）接受检验

保险事故发生后，被保险人要保护出险现场，并提供检验上的方便，使保险人能正确、迅速地进行核赔。因此，保险事故发生后，被保险人对于现场情形在未经保险人勘定以前不得变更，更不得进行隐蔽实情、藏匿变售等不法行为。但经由保险人同意、与理赔的进行无关的情况例外。

（五）向保险人提供索赔单证

所谓索赔单证，是指当被保险人就保险单项下的损失向保险人索赔时应该递送的，与确认保险事故的性质、原因、损失程度等有关的证明和资料。索赔单证的范围是相当广泛的，主要包括：保险单、保险凭证的正本；有关保险标的的账册、收据、发票等原始单据以及提单、运输合同；出险调查报告、出险证明书以及损失鉴定证明等；保险财产损失清单和施救整理费用的原始单据。

三、理赔

（一）填写出险通知书

保险人接到出险通知后，应立即与保险单的副本或批单进行核对，并请被保险人填写出险通知书，抄录有关保险单副本和批单一份，以便在勘查前能了解承保的有关情况，做到心中有数。表7-2为保险出险通知书样例。

表7-2 保险出险通知书样例

受理号：

被保险人		保险险别	
保险单号码		保险标的名称	
保险金额		标的所在地	
保险期限	年 月 日至 年 月 日	出险日期	年 月 日 时
出险原因		出险地点	
出险情况、主要原因及施救经过：			
损失估计：			
经办公司签注意见：			

联系人：

立案号： 联系电话： 被保险人（签章）：

赔案号： 传真： 报案日期： 年 月 日

（二）确定理赔责任

当保险人收到出险通知以后，应对以下问题进行调查，以便确定理赔责任。

（1）保险单是否仍有效力。

（2）被保险人提供的单证是否齐全和真实。

（3）损失是否由所保风险所引起。

（4）已遭损毁的财产是否为所承保的财产。

（5）保险事故发生的地点是否在承保范围之内。

（6）保险事故发生的结果是否构成要求赔偿的要件。

（7）请求赔偿的人是否有权提出赔偿请求。

（8）在损失发生的时候，被保险人是否对保险标的具有保险利益。

（三）查明出险原因与保险标的受损情况

保险人或其代理人获悉损失发生后，应立即组织对受损保险标的进行现场查勘检验工作。这是因为保险人所承担的保险责任是有一定范围的，所以保险人必须对造成保险标的损失的原因进行检查，以确定发生的危险事故是否属于承保危险。查勘保险事故发生的原因和经过，主要是了解保险事故发生的时间、地点、气候条件等方面的情况和事故发生的过程及后果，为确定保险赔偿的处理提供现场材料。

保险标的发生损失后，被保险人或其代理人根据合同规定有义务采取措施进行抢险。保险人或其代理人、委托人到达事故现场后，如能确定此事故属于保险责任范围，应立即组织进一步的施救或救助工作，以减少保险标的的损失，防止损失扩大。

如果保险标的的损失涉及第三者责任，应取得有关证据，并采取相应的措施。如在海上运输保险中的货物损失是由船方责任造成的，保险人或其代理人在查勘检验时，应设法收集船舶是否适航、适货的证据，或要求船方提供担保，对重大损失可申请扣船等。

（四）损失核算

保险人的赔偿责任一经确定，应计算出赔偿金额，尽快支付保险赔款。

保险人给付的保险金包括实际损失和用于施救、诉讼等的直接费用。在核算给付保险金时，实际损失和直接费用应分别计算。

1. 实际损失的计算

首先，在核算实际损失时应分清哪些是保险标的的损失、哪些不是保险标的的损失，对不属于赔付金额范围内的损失应予以剔除。其次，损失的程度及数额要根据查勘报告，辅之以各项单证和专业部门及专家的意见确定。最后，实际损失的计算应以保险事故发生时保险标的的实际现金价值为准。

2. 直接费用的计算

直接费用是指发生保险事故时，被保险人为了抢救、保护保险财产所支付的合理费用，被保险人的诉讼费用以及对受损标的的检验、鉴定、估损和整理的费用。对于直接费用，依照我国现行法规定，应由保险人负责偿还。

（五）赔偿给付

保险事故发生后，经调查属实并估定赔偿金额，如保险合同规定有期限的，保险人应在约定期限内给付；如果没有约定期限，也应尽快给付。赔偿给付形式通常是货币。但如果保险合同有特别约定，保险人在必要时可以选择货币以外的方式。

（六）损失处理、代位追偿

在财产保险中，出险的物资有时还有一定价值，保险公司在全部赔付后有权处理出险物资。对出险物资的残余部分应根据其可用程度，实事求是地作价折旧，若归属被保险人，则可从赔款中扣除。如双方达不成协议，可由保险公司收回处理。

代位权是指原债权人将所有利益转让给第三人，第三人在其转让的范围内行使其债权。保险标的发生的保险责任范围内的损失，如根据国家法律或有关规定，应由第三者负责，保险人可先行赔付，然后由被保险人填具权益转让书，将向责任方索赔的权利转移给保险人。应注意要求被保险人在索赔有效期间内向保险人进行权益转让，以避免因赔偿期失效，而导致保险人丧失追偿权。

（七）诉讼、仲裁与和解

在货物运输保险中，如果发生事故，可以提出索赔，索赔不遂，可通过诉讼、仲裁或调解等途径解决。

1. 诉讼

诉讼就是通过履行法律程序求得争议的解决。各国法院在审理保险案件的做法上尽管有所不同，但大致都要经过起诉、担保、审判和执行四个步骤。

2. 仲裁

仲裁为目前解决国际商务争议最普遍的形式。与诉讼比较，仲裁程序迅速、费用低廉；时间和地点的规定比较灵活；仲裁人若精通商业买卖业务，解决容易；诉讼程序常为公开的，仲裁手续多不公开，有利于保守商业机密。

多数国家实行三人制的仲裁方式，三名仲裁员由双方各指定一名，再由这两名仲裁员推选一人任首席仲裁员，三人组成仲裁法庭。对仲裁人员要求各有不同，但一般都要求必须是与争议两方没有利害关系的人。

3. 和解

和解亦称调解，一种是在诉讼（或仲裁）案件受理之前，进行庭外和解；另一种是由当事人之间协商进行调解。

通常，当争议发生时，都先采用和解方式，不能解决时，再进入仲裁甚至诉讼程序。

任务实施

步骤一：熟知承保步骤，会投保

李军梳理了保险承保业务的流程如下：审核投保单→保险标的验险→风险的评估→核定与计算保险费→缮制保险单和保险费收据→粘贴保险条款和特约条款→复核→签章→单据分发。

李军具体操作以下工作。

第一步，填写投保单。

经查相关资料（公司组织机构代码：67329×××，电话：0535-6810×××，传真：0535-6810×××，地址：烟台市幸福南路×号，运单号：0012229，目的地为甘肃省庆阳市正宁县），李军填写了投保单（表7-3）。

表 7-3　国内货物运输保险投保单

投保单号：

被保险人	烟台先达货运公司		组织机构代码		67329××××	
投保人	烟台先达货运公司		组织机构代码		67329××××	
联系电话	0535-6810×××	传真	0535-6810×××	地址	烟台市幸福南路×号	
货票运单号码	件数/重量		保险货物项目		保险金额	
0012229	10件/2 t		中控设备		200 000元	
启运日期：2021年5月16日15时			运输工具（船名航次车次）：汽车			
起运地：烟台			目的地：甘肃省庆阳市正宁县			
投保险别：陆运综合险						
备注：鲁 F17657						

请如实告知下列情况：（如是在［］中打√）
1. 货物包装　　袋装/箱装［　］　散装/裸装［　］　冷藏［　］　捆扎［　］　罐装［　］
2. 集装箱种类　普通［　］　　　开顶［　］　　　框架［　］　平板［　］　冷藏［　］
3. 运输工具　　海轮［　］　　　飞机［　］　　　火车［　］　汽车［√］　内河船［　］　驳船［　］
4. 船舶资料　　船级＿＿＿＿＿＿　　　建造年月＿＿＿＿＿＿

保险人（保险公司）提示

请您仔细阅读保险条款，尤其是黑体字标注部分的条款内容，并听取保险公司业务人员的说明，如对保险公司业务人员的说明不明白或有异议，请在填写本投保单之前向保险公司业务人员进行询问，如未询问，视同已经对条款内容完全理解并无异议。

续表

投保人声明

投保人及被保险人兹声明所填上述内容（包括投保单及投保附件）属实。

本人已经收悉并仔细阅读保险条款，尤其是黑体字部分的条款内容，并对保险公司就保险条款内容的说明和提示完全理解，没有异议，申请投保。

投保人签章： 投保日期：2021 年 5 月 10 日

以下内容由保险公司填写

协议编号 [　　　]	代理点编号 [　　　]	费率 [　　　]	免赔 [　　　]
客户代码 [　　　]	共保信息 [　　　]	回分情况 [　　　]	
最低保费 [　　　]	结算币种 [　　　]	经办人 [　　　]	

第二步，核算保险费。

货物运输保险的保费计算公式为

$$保险费 = 保险金额 \times 保险费率$$

保险金额根据货价或货价加运杂费确定。

人保陆运综合险的费率为 0.75‰，核算保险费为

$$保险费 = 200\,000 \times 0.75‰ = 150（元）$$

步骤二：清楚索赔业务

李军归纳了保险索赔业务的流程如下：出险通知→采取施救和整理措施→提出赔偿请求→接受检验→向保险人提供索赔单证。

本业务中，烟台恒昌贸易公司的中控设备，运抵目的地卸货时，发现 3 件货物外包装箱变形和破损，内装中控设备有损伤。

李军获知情况后，马上打电话向保险公司报告出险，指挥现场工作人员整理、检查货损情况，等待保险公司查验。

步骤三：知道理赔业务

李军查询了保险理赔业务，得知其流程如下：填写出险通知书→确定理赔责任→查明出险原因与保险标的受损情况→损失核算→赔偿给付→损失处理、代位追偿→诉讼、仲裁与和解。

针对本业务中 3 件中控设备有损伤的实际情况，李军配合保险公司进行理赔。

第一步，填写保险出险通知书（表 7-4）。

表 7-4 保险出险通知书

受理号：＿＿＿＿＿＿＿＿＿＿

被保险人	烟台先达货运公司	保险险别	陆运综合险
保险单号码	20210510003	保险标的名称	中控设备
保险金额	200 000 元	标的所在地	甘肃省庆阳市正宁县
保险期限	2021 年 5 月 16 日至 2021 年 5 月 19 日	出险日期	2021 年 5 月 18 日 10 时
出险原因		出险地点	甘肃省
出险情况、主要原因及施救经过：			
损失估计：			
经办公司签注意见：			

联系人：

立案号：　　　　　　　　联系电话：　　　　　　　　被保险人（签章）：

赔案号：　　　　　　　　传真：　　　　　　　　　　报案日期：　　 年　　 月　　 日

第二步，保险公司经勘查，出具勘查报告。对事发经过、查勘情况进行简要描述。经向被保险人了解，本次事故中受损的货物全部位于车厢后部顶层，运输车辆 5 月 18 日晨进入甘肃省境内后，途经某地一座引桥底时（具体地点不详），曾发生车顶碰撞桥底的事故。

据以上查勘结果，保险公司认为：受损货物位于车厢顶部，上方无重物挤压且周围其他货物完好无损，运输过程中货物间的挤压不足以导致外包装箱变形和破损的后果，应为车厢顶层货物遭受外力猛烈撞击所致。

损失核定：被保险人共报损 3 件仪器，经保险公司人员和被保险人代表共同清点货物……（具体受损情况略）

赔付建议如下。

（1）中控设备为部件组装，应按实际损坏部件分别计算损失金额，保险公司已要求被保险人提供损坏部件的检测报告、维修及更换费用清单，以便理算。

（2）公司已要求被保险人提供运输合同、装箱单、交接清单、受损货物购货发票等材料，以说明受损货物装载情况和出厂价格。

李军配合提供相关理赔资料附件。

第三步，保险公司按照实际损失核算，给予赔付。

应用训练

2021 年 5 月 20 日，郑州豫祥贸易公司委托郑州明光货运公司托运一批某品牌个人计算机到开封。货物共计 100 件，总重量 2 t，货物总价 35 万元。货运公司安排车牌号为豫A29×××的货车在 22 日 8 时启运。

根据上述任务，进行投保。

若运输中出险，请进行索赔、理赔基础业务处理。

任务评价

任务评价表

项　　目	内　　容	结　　果			
		非常好	较好	还不错	再加油
步骤一	熟知承保步骤，会投保				
步骤二	清楚索赔业务				
步骤三	知道理赔业务				
综合评价					
知识掌握（3 分）	内容完整（5 分）		操作正确（2 分）	评价得分（10 分）	

拓展提升

货运险理赔中存在问题的原因分析

货物在运输过程中存在着一定的风险，所以需要办理保险。但在货物出险的时候，理赔总是存在很多问题，那么货运险理赔中存在问题的原因有哪些呢？

1. 保险合同先天不足，保险责任表述不准确，留下争议隐患

保险合同适用的保险条款在制定时就存在先天不足问题，保险责任概念模糊，或保险责任涵盖的内容表述不详，或特别约定的措辞缺乏严密性。先天不足的保险合同理赔时，保险双方极易产生保险责任理解分歧。对被保险人来说，一是给被保险人的合理索赔制造阻碍，以致该赔而未赔；二是给被保险人的不合理索赔提供了可能，以致不该赔而赔。对保险人来说，一是让保险公司的"惜赔"有机可乘，从有利于保险公司的角度，解释保险责任的含义、赔偿金额的限度等；二是给保险公司的错赔、滥赔埋下了祸根。

2. 专业人才缺乏，理赔人员素质不高

货运险的保险标的面广，货物价值易变，保险期限短，装卸、运输过程复杂，尤其是对海上运输造成的货物损失实施时效内扣船、担保和反担保等工作，操作难度大、时间紧，因此货运险理赔是一项专业性极强的工作。这就要求在保险理赔工作环节中，进行查勘、定

损、索赔单证审核、赔款计算等方面的人员应具有丰富的理赔经验、相应的专业知识、较强的辨伪能力。而现有的理赔人员大多数是专于一个险种，如车辆险或企财险，并不具备各个险种的知识和能力，致使在货运险理赔过程中心有余而力不足。每当出现复杂赔案时，往往难以做出准确判断。

专项法规拓展

1.《中华人民共和国保险法》（2015 年修正）

2.《道路危险货物运输管理规定》（2016 年修正）

3.《中华人民共和国国际货物运输代理业管理规定实施细则》（商务部，2004 年 1 月 1 日起施行）

参考文献

[1] 仪玉莉. 运输管理 [M]. 3 版. 北京：高等教育出版社，2018.

[2] 徐天亮. 运输与配送 [M]. 北京：中国财富出版社，2017.

[3] 张晋虎. 运输作业实务 [M]. 北京：北京交通大学出版社，2018.

[4] 刘徐方，梁旭，田振中，等. 集装箱运输管理实务 [M]. 北京：清华大学出版社，2018.

[5] 付丽茹. 公路运输实务 [M]. 北京：水利水电出版社，2019.

[6] 姜萍，寇振国. 运输作业实务 [M]. 北京：中国财富出版社，2016.

[7] 邓永贵，王静梅. 铁路货物运输 [M]. 北京：化学工业出版社，2017.

[8] 郎德琴. 物流运输基础与实务 [M]. 3 版. 北京：中国劳动社会保障出版社，2020.

[9] 郑宁. 物流运输管理 [M]. 2 版. 上海：上海财经大学出版社，2019.

[10] 姚红光. 集装箱与国际多式联运 [M]. 北京：旅游教育出版社，2018.

[11] 马春婷. 民航法规基础教程 [M]. 北京：科学出版社，2018

[12] 丁敏，张婧姝. 新形势下长江内河水运发展趋势 [J]. 中国港口，2017（11）：8-13.

[13] 胡勋. 关于促进长江干线航运企业转型发展的一点思考 [J]. 中国水运，2018（6）：15-17.

[14] 李辉. 在新形势下促进江苏内河港口高质量发展 [J]. 水道管理，2019，41（9）：7-9.

[15] 人社部教材办公室. 水路运输实务指南 [M]. 北京. 中国劳动社会保障出版社，2016.

[16] 马华，朱紫茂. 物流运输管理实务 [M]. 2 版. 北京：中国轻工业出版社，2018.

[17] 毛宁莉. 运输作业实务 [M]. 2 版. 北京：机械工业出版社，2017.

[18] 王海兰. 运输管理实务 [M]. 2 版. 北京：上海财经大学出版社，2017.

[19] 杨鹏强. 航空货运代理实务 [M]. 2 版. 北京：中国海关出版社，2019.

郑重声明

高等教育出版社依法对本书享有专有出版权。任何未经许可的复制、销售行为均违反《中华人民共和国著作权法》，其行为人将承担相应的民事责任和行政责任；构成犯罪的，将被依法追究刑事责任。为了维护市场秩序，保护读者的合法权益，避免读者误用盗版书造成不良后果，我社将配合行政执法部门和司法机关对违法犯罪的单位和个人进行严厉打击。社会各界人士如发现上述侵权行为，希望及时举报，我社将奖励举报有功人员。

反盗版举报电话　（010）58581999　58582371
反盗版举报邮箱　dd@hep.com.cn
通信地址　北京市西城区德外大街4号　高等教育出版社法律事务部
邮政编码　100120

读者意见反馈

为收集对教材的意见建议，进一步完善教材编写并做好服务工作，读者可将对本教材的意见建议通过如下渠道反馈至我社。

咨询电话　400-810-0598
反馈邮箱　zz_dzyj@pub.hep.cn
通信地址　北京市朝阳区惠新东街4号富盛大厦1座
　　　　　高等教育出版社总编辑办公室
邮政编码　100029

防伪查询说明

用户购书后刮开封底防伪涂层，使用手机微信等软件扫描二维码，会跳转至防伪查询网页，获得所购图书详细信息。

防伪客服电话
（010）58582300

学习卡账号使用说明

一、注册/登录

访问http://abook.hep.com.cn/sve，点击"注册"，在注册页面输入用户名、密码及常用的邮箱进行注册。已注册的用户直接输入用户名和密码登录即可进入"我的课程"页面。

二、课程绑定

点击"我的课程"页面右上方"绑定课程"，在"明码"框中正确输入教材封底防伪标签上的20位数字，点击"确定"完成课程绑定。

三、访问课程

在"正在学习"列表中选择已绑定的课程，点击"进入课程"即可浏览或下载与本书配套的课程资源。刚绑定的课程请在"申请学习"列表中选择相应课程并点击"进入课程"。

如有账号问题，请发邮件至：4a_admin_zz@pub.hep.cn。